Dr. Oetker

CAMPING KÜCHE

Dr. Oetker

CAMPING KÜCHE

Dr. Oetker Verlag

CAMPINGKÜCHE

Camping, da ist draußen unser neues Zuhause.

Wir genießen das Leben unter freiem Himmel, das Gefühl von Freiheit und Weite. Wir verzichten gern auf unseren gewohnten Komfort und merken, wie wenig wir eigentlich zum Leben und Glücklichsein brauchen. Eines aber bleibt wie daheim: Wenn der Hunger kommt, dann möchten wir nicht nur satt werden, sondern genießen.

Die eher spartanische „Küchenausstattung" für unterwegs kann dabei Ihre Kreativität fördern und ist keineswegs ein Hinderungsgrund für die Zubereitung leckerer Gerichte.

Lassen Sie sich von unseren Outdoor-Rezepten inspirieren und probieren Sie die Gemüsesuppe „Zack-Zack" mit frischem Gemüse vom Markt oder den Fischeintopf „Zeltplatz", für den Sie die Forellen selbst angeln können, aber nicht müssen. Ein Topf und eine Flamme, mehr brauchen Sie nicht. Der Grill dagegen ist für die Open-Air-Küche fast ein Muss. Feuer und Glut lassen kulinarische Köstlichkeiten garen und sorgen für Gemeinschaftssinn. Spareribs und Gemüsesalat sind sicher etwas für die Erwachsenen. Kinder werden begeisterte Stockbrotgriller. Wem das nicht reicht, den macht der Nudelsalat „Campingplatz" glücklich, ganz gleich ob mit oder ohne gegrillte Bratwurst.

Für größere Vorratsbestände fehlt in der „Sommerküche" in der Regel der Platz, aber eine kleine Grundausstattung ist hilfreich, auch wenn Ihr Campingnachbar gern mit dem einen oder anderen aushilft oder Sie sich beim Kochen zusammentun. Im Kapitel „Selbst gemachter Vorrat" und auf den Seiten 122/123 finden Sie dazu Rezepte und Tipps.

Wir wünschen Ihnen erholsame und genussvolle Tage im Freien.

1-TOPF-GERICHTE

HÄHNCHENCURRY, SPIRELLITOPF UND RATATOUILLE: ALLES IST KOCHBAR AUF 1 FLAMME

RATATOUILLE
MIT RUCOLA UND PARMESAN

1 Gemüsezwiebel
1 Knoblauchzehe
1 Zucchini
1 Aubergine
1 rote Paprikaschote
1 gelbe Paprikaschote
3 EL Speiseöl
500 g passierte Tomaten
(1 Tetra Pak®)
Salz
gem. Pfeffer
1 TL mediterrane Würzmischung
(von Seite 111,
oder gerebelter Thymian)

2 Handvoll Rucola (etwa 80 g)
1 Handvoll gehobelter Parmesan
(etwa 40 g)

1. Die Gemüsezwiebel abziehen und würfeln. Knoblauch abziehen und fein würfeln oder zerdrücken.

2. Zucchini und Aubergine abspülen, abtropfen lassen und die Enden bzw. den Stängelansatz abschneiden. Zucchini und Aubergine in grobe Stücke schneiden.

3. Paprikaschoten halbieren, entstielen, entkernen und die weißen Scheidewände entfernen. Schoten abspülen, abtropfen lassen und in Stücke schneiden.

4. Das Speiseöl in einem großen Topf erhitzen. Zuerst die Zwiebel und den Knoblauch darin andünsten. Dann die restlichen Gemüsestücke hinzugeben und unter gelegentlichem Rühren etwa 5 Minuten anschmoren.

5. Die passierten Tomaten hinzugießen und das Ganze kurz aufkochen. Ratatouille mit Salz, Pfeffer und Würzmischung würzen, etwa 15 Minuten bei schwacher Hitze zugedeckt schmoren lassen, dabei gelegentlich umrühren.

6. Inzwischen Rucola verlesen und dicke Stängel abschneiden. Rucola abspülen und in einem Küchentuch trocken schleudern. Rucola evtl. etwas kleiner zupfen.

7. Ratatouille nochmals mit Salz und Pfeffer abschmecken, mit Rucola und Parmesan bestreut servieren.

Beilage: Knusprig frisches Baguette oder gegrillte Brotscheiben.

PASTA CAPRESE

5 l Wasser
5 gestr. TL Salz
500 g Nudeln (z. B. Spirelli, 1 Pck.)

6 mittelgroße Tomaten
250 g abgetropfter Mozzarella (2 Pck.)
4 EL abgetropfte schwarze Oliven, ohne Stein

evtl. einige Stängel Basilikum

3 EL Speiseöl
1 Knoblauchzehe
Salz
gem. Pfeffer

1. Wasser in einem großen Topf zugedeckt zum Kochen bringen. Salz und Nudeln ins kochende Wasser geben. Die Nudeln im geöffneten Topf bei mittlerer Hitze nach Packungsanleitung bissfest garen, dabei gelegentlich umrühren.

2. In der Zwischenzeit Tomaten abspülen, trocken tupfen, halbieren und die Stängelansätze herausschneiden. Tomatenhälften in Würfel schneiden. Mozzarella ebenfalls in kleine Würfel schneiden. Oliven halbieren. Basilikum abspülen und trocken tupfen. Die Blättchen von den Stängeln zupfen.

3. Die Nudeln in ein Sieb geben, mit Wasser abspülen, abtropfen lassen und warm halten.

4. Speiseöl in dem Topf erhitzen. Knoblauch abziehen, fein würfeln oder zerdrücken, in dem erhitzten Öl unter Rühren kurz dünsten. Die Tomatenwürfel hinzugeben und kurz erhitzen.

5. Die Nudeln zu den Tomatenwürfeln in den Topf geben. Die Oliven unterrühren. Den Topf von der Kochstelle nehmen. Das Ganze mit Salz und Pfeffer abschmecken.

6. Pasta Caprese mit Mozzarella-Würfeln und Basilikumblättchen sofort servieren.

Zubereitungszeit: 25 Minuten | 4 Portionen | Pro Portion: E: 28 g, F: 25 g, Kh: 93 g, kJ: 2996, kcal: 716, BE: 7,5

BULGUR MIT WÜRSTELRAGOUT

2 Tassen Instant-Bulgur
(etwa 200 g, Tasseninhalt je 150 ml)

2 Zwiebeln
4 grobe vorgebrühte Bratwürste
(etwa 400 g)
3 EL Speiseöl
2 gestr. EL Weizenmehl
3 1/3 Tassen Wasser (etwa 500 ml,
Tasseninhalt je 150 ml)
1 EL mediterrane Würzmischung
(von Seite 111,
oder gerebelter Oregano)
1–2 TL Gemüsebrühenpulver
oder Gemüsepaste (von Seite 115)
2 EL Senf
125 g Schlagsahne (½ Becher)
225 g abgetropfter Mais
(aus der Dose)
215 g abgetropfte Möhren
(aus der Dose)
Salz
gem. Pfeffer

1. Den Bulgur nach Packungsanleitung zubereiten.

2. Inzwischen die Zwiebeln abziehen und in Streifen schneiden. Die Bratwürste in etwa 2 cm dicke Scheiben schneiden.

3. Das Speiseöl in einem großen Topf erhitzen. Die Zwiebelstreifen und Bratwurstscheiben darin anbraten. Das Mehl daraufstäuben. Das Wasser unter Rühren hinzugießen und kurz aufkochen lassen.

4. Würzmischung und Gemüsebrühenpulver oder Gemüsepaste unterrühren. Senf und Sahne hinzugeben und ebenfalls unterrühren. Das Würstelragout etwa 5 Minuten köcheln lassen.

5. Mais und Möhren in das Ragout geben. Bulgur unterrühren und miterhitzen. Das Ragout mit Salz und Pfeffer abschmecken und servieren.

Zubereitungszeit: 30 Minuten |
4 Portionen | Pro Portion: E: 25 g, F: 45 g, Kh: 52 g, kJ: 2991, kcal: 715, BE: 4,5

TIPPS Statt der Bratwürste schmecken auch Wiener Würstchen oder Fleischwurst lecker in diesem Ragout. Den Mais können Sie auch durch Erbsen ersetzen. Sie mögen lieber Reis als Bulgur, dann zum Schluss einfach 2 Beutel vorgegarten Express-Reis (je 250 g, aus dem Nährmittelregal) unter das Ragout rühren und miterhitzen.

GEMÜSESUPPE „ZACK-ZACK"

1 mittelgroße Möhre
1 Zucchini
1 gelbe Paprikaschote
1 Zwiebel
1 Knoblauchzehe
3 EL Speiseöl
3 ⅓ Tassen Wasser (etwa 500 ml,
Tasseninhalt je 150 ml)
etwa 4 TL Gemüsepaste
(von Seite 115) oder
Gemüsebrühenpulver
400 g geschälte Tomaten mit Saft
(aus 1 Dose)

evtl. 3–4 Stängel Kräuter,
z. B. Oregano, Basilikum, Thymian

250 g abgetropfte
weiße Bohnen (aus der Dose)
Salz
gem. Pfeffer

1. Möhre putzen, schälen, abspülen, abtropfen lassen und in Würfel schneiden. Zucchini abspülen, abtrocknen und die Enden abschneiden. Zucchini in feine Scheiben schneiden.

2. Paprikaschote halbieren, entstielen, entkernen und die weißen Scheidewände entfernen. Schotenhälften abspülen, abtropfen lassen und ebenfalls in Würfel schneiden. Zwiebel und Knoblauch abziehen und fein würfeln.

3. Speiseöl in einem Topf erhitzen. Zwiebel- und Knoblauchwürfel hinzugeben und kurz andünsten. Möhren- und Paprikawürfel sowie Zucchinischeiben hinzugeben und unter Rühren etwa 2 Minuten mitdünsten.

4. Wasser, Gemüsepaste oder Gemüsebrühenpulver und geschälte Tomaten mit der Flüssigkeit hinzugeben. Die Zutaten zum Kochen bringen und zugedeckt bei schwacher Hitze etwa 10 Minuten kochen lassen.

5. Die Kräuter abspülen, trocken tupfen und die Blättchen von den Stängeln zupfen. Blättchen evtl. klein schneiden.

6. Weiße Bohnen zu der Suppe in den Topf geben. Die Gemüsesuppe weitere etwa 5 Minuten bei schwacher Hitze kochen lassen.

7. Gemüsesuppe mit Salz und Pfeffer würzen. Suppe in tiefen Tellern oder Suppentassen verteilen und mit den Kräutern bestreut servieren.

Zubereitungszeit: 30 Minuten |
4 Portionen | Pro Portion: E: 8 g, F: 8 g, Kh: 18 g, kJ: 766, kcal: 183, BE: 1,5

TIPPS Servieren Sie dazu knuspriges Ciabatta. Möchten Sie die Gemüsesuppe etwas schärfer, schmecken Sie sie mit Paprikapulver oder etwas Chili ab.

PFANNEN-PIZZA-BROT

400 g fertiger Pizzateig
(1 Pck., aus dem Kühlregal)
2 EL Speiseöl
1 hart gekochtes Ei
(z. B. vom Frühstück)
125 g abgetropfter Mozzarella
(1 Pck.)
1 EL Pesto (rot oder grün,
z. B. von Seite 119, oder fertiges
Pesto aus dem Glas)
2 Scheiben Kochschinken
Salz
gem. Pfeffer
1 EL abgetropfte, entsteinte Oliven
einige Basilikumblätter

1. Den Pizzateig halbieren. 1 Esslöffel vom Speiseöl in eine große Pfanne geben und erhitzen. Eine Teighälfte darin unter mehrmaligem Wenden bei schwacher bis mittlerer Hitze etwa 5 Minuten backen. Dann das Pizzabrot aus der Pfanne nehmen und die zweite Teighälfte mit dem restlichen Speiseöl auf die gleiche Weise backen.

2. Das Ei pellen und in Scheiben schneiden. Mozzarella ebenfalls in Scheiben schneiden. Die Pizzabrote mit dem Pesto bestreichen. Auf ein Pizzabrot den Schinken, die Eier- und Mozzarella-Scheiben verteilen. Salz und Pfeffer daraufstreuen.

3. Die Oliven nach Belieben in Ringe schneiden und mit den Basilikumblättchen auf dem Pizzabrot verteilen. Das zweite bestrichene Pizzabrot mit der bestrichenen Seite nach unten darauflegen. Das belegte Pizzabrot halbieren oder dritteln und servieren.

Zubereitungszeit: 20 Minuten
2–3 Portionen | Pro Portion: E: 35 g, F: 45 g, Kh: 74 g, kJ: 3455, kcal: 825, BE: 6,5

TIPPS Statt Kochschinken und Ei schmeckt auch abgetropfter Tunfisch aus der Dose, mit dünnen Zwiebelscheiben belegt, sehr lecker dazu. Oder bestreichen Sie die Pizzabrote statt mit Pesto mit Frischkäse, dann den Mozzarella weglassen.

MILCHREIS
AUS DEM SCHLAFSACK

etwa 1 ¼ l Milch (3,5 % Fett)
1 Prise Salz
1 Pck. Dr. Oetker
Bourbon-Vanille-Zucker
3–4 EL Zucker
250 g Rundkornreis (½ Pck.)

1 TL gem. Zimt
etwa 3 EL Zucker

370 g Apfelmus (1 Glas)

1. Die Milch mit Salz, Vanille-Zucker und Zucker in einem Topf aufkochen. Den Milchreis unter Rühren einrieseln lassen. Das Ganze nochmals kurz aufkochen und unter gelegentlichem Rühren bei schwacher Hitze 2–3 Minuten leicht köcheln lassen.

2. Den Topf mit einem Deckel verschließen und in ein großes Handtuch wickeln. Den eingewickelten Topf gut im Schlafsack einpacken und den Reis in etwa 1 ½ Stunden im Schlafsack ausquellen lassen. Der Reis darf ruhig auch etwas länger so eingepackt sein, dann bleibt er schön warm.

3. Den Zimt mit dem Zucker verrühren. Den Topf auspacken und den Reis mit einem Löffel auflockern.

4. Den Milchreis mit Zimt-Zucker bestreuen und das Apfelmus dazureichen.

Zubereitungszeit: 20 Minuten | Ausquellzeit im Schlafsack: etwa 1 ½ Stunden |
4 Portionen | Pro Portion: 15 g, F: 12 g, Kh: 108 g, kJ: 2529, kcal: 605, BE: 9,0

 **TIPP** Möchten Sie das Päckchen Milchreis mit einem Mal aufbrauchen, dann verdoppeln Sie die Zutaten und laden zum Essen Ihre Campingnachbarn ein.

GRIECHISCHE REISNUDELN
MIT PAPRIKA UND TOMATE

1 Zwiebel
1 Knoblauchzehe
1 grüne Paprikaschote
1 EL Speiseöl
2 Tassen griechische Reisnudeln
(Kritharaki, etwa 200 g,
Tasseninhalt je 150 ml)
1 Tasse Wasser
(Tasseninhalt 150 ml)
1–2 TL Gemüsepaste
(von Seite 115) oder
Gemüsebrühenpulver
400 g geschälte Tomaten mit Saft
(aus 1 Dose)
Salz
gem. Pfeffer
Paprikapulver
evtl. ½ gestr. TL mediterrane
Würzmischung (von Seite 111,
oder gerebelter Thymian)

1. Zwiebel und Knoblauch abziehen. Beides in kleine Würfel schneiden.

2. Die Paprikaschote halbieren, entstielen, entkernen und die weißen Scheidewände entfernen. Schotenhälften abspülen, abtropfen lassen und in kleine Würfel schneiden.

3. Das Öl in einem Topf erhitzen. Zwiebel,- Knoblauch- und Paprikawürfel darin bei mittlerer Hitze in 2–3 Minuten unter gelegentlichem Rühren andünsten. Reisnudeln hinzufügen und kurz mit andünsten.

4. Den Topf von der Kochstelle nehmen, das Wasser und die Gemüsepaste oder das Gemüsebrühenpulver hinzugeben. Die Tomaten mit dem Saft einrühren.

5. Den Topf wieder auf die Kochstelle setzen. Die Zutaten einmal aufkochen lassen und anschließend zugedeckt bei schwacher Hitze etwa 12 Minuten köcheln lassen. Dabei ab und zu umrühren und evtl. noch etwas Wasser hinzugießen.

6. Die Reisnudeln mit dem Gemüse mit Salz, Pfeffer, Paprika und evtl. der Würzmischung abschmecken.

Zubereitungszeit: 30 Minuten |
2 Portionen | Pro Portion: E: 6 g, F: 6 g, Kh: 91 g, kJ: 1909, kcal: 456, BE: 7,5

TIPPS

Zusätzlich 5–8 abgetropfte Oliven klein schneiden und über die Reisnudeln streuen oder unterrühren. Statt der griechischen Reisnudeln schmeckt auch Langkornreis. Dafür die Packungsanleitung beachten, da sich die Flüssigkeitsmenge verändern kann.

FISCHEINTOPF „ZELTPLATZ"

2 fangfrische Forellen
(je 300–400 g,
möglichst selbst geangelt oder
4 frische Forellenfilets)
Salz
gem. Pfeffer

1 Bund Frühlingszwiebeln
6 getrocknete Aprikosen
2 EL Speiseöl
400 ml Kokosmilch (1 Dose)
225 g abgespülte,
abgetropfte Kichererbsen
(aus 1 Dose)
10 Cocktailtomaten

1. Die Forellen sauber ausnehmen, innen und außen abspülen, abtropfen lassen und filetieren. Die Filets häuten, in grobe Stücke schneiden, mit Salz und Pfeffer würzen.

2. Die Frühlingszwiebeln putzen, abspülen, abtropfen lassen und in etwa 3 cm lange Stücke schneiden. Die Aprikosen halbieren.

3. Das Speiseöl in einem Topf erhitzen. Die Aprikosenhälften und Frühlingszwiebelstücke darin andünsten. Die Kokosmilch hinzugießen und aufkochen lassen.

4. Die Kichererbsen in den Topf geben. Den Eintopf mit Salz und Pfeffer abschmecken, bei schwacher Hitze unter gelegentlichem Rühren etwa 5 Minuten köcheln lassen.

5. Inzwischen die Tomaten abspülen, abtrocknen, halbieren und evtl. die Stängelansätze herausschneiden. Tomatenhälften und Fischstücke in den Eintopf geben. Den Eintopf weitere etwa 5 Minuten leicht köcheln lassen, sodass die Fischstücke gar ziehen können.

Zubereitungszeit: 30 Minuten (ohne Angelzeit) |
2 Portionen | Pro Portion: E: 50 g, F: 53 g, Kh: 49 g, kJ: 3676, kcal: 883, BE: 3,0

 Alternativ können Sie auch Zander- oder anderes Fischfilet verwenden.

TORTILLAS MIT BOHNENGEMÜSE

2 Zwiebeln
6 Frühlingszwiebeln
500 g abgetropfte weiße Bohnen
(aus der Dose, z. B. Cannellini-
Bohnen)
2 EL Speiseöl
800 g stückige Tomaten
(aus 2 Dosen)
Salz
gem. Pfeffer
Paprikapulver

6–8 Weizen-Tortilla-Fladen

1. Zwiebeln abziehen und in kleine Würfel schneiden. Frühlings-zwiebeln putzen, abspülen, abtropfen lassen und in feine Scheiben schneiden. Die Bohnen evtl. in einem Sieb mit kaltem Wasser abspülen und abtropfen lassen.

2. Das Speiseöl in einem Topf erhitzen. Die Zwiebelwürfel darin andünsten. Frühlingszwiebelscheiben dazugeben und unter Rühren kurz mitdünsten.

3. Bohnen, Tomaten und etwas Salz dazugeben. Das Bohnen-gemüse aufkochen lassen und bei schwacher Hitze etwa 5 Minuten köcheln lassen, bis es etwas eingekocht ist. Das Bohnengemüse mit Salz, Pfeffer und Paprika abschmecken und warm halten.

4. Evtl. die Tortillas (nach Packungsanleitung oder auf dem heißen Grill) erwärmen. Tortillas auf Teller legen, je zur Hälfte mit dem Bohnengemüse belegen, die andere Hälfte darüber-klappen und sofort servieren.

Zubereitungszeit: 30 Minuten
4 Portionen | Pro Portion: E: 16 g, F: 8 g, Kh: 68 g, kJ: 1741, kcal: 415, BE: 5,0

Tipp: Noch Petersilie da? Dann die Petersilie abspülen, trocken tupfen und die abgezupften Blätter hacken. Die Tortillas damit bestreuen, das Auge isst ja bekanntlich mit.

LETSCHO
MIT MEDITERRANEM TOUCH

2 Zwiebeln
1 Knoblauchzehe
2 rote Papikaschoten
1 gelbe Paprikaschote
2 Tomaten
2 EL Speiseöl
500 g passierte Tomaten
(1 Tetra Pak®)
Salz
1 TL Paprikapulver
1 TL mediterrane Würzmischung
(von Seite 111, oder
Pizza-Gewürzmischung)
1 Cabanossi (etwa 220 g,
im Naturdarm)

1. Zwiebeln und Knoblauch abziehen. Die Zwiebeln grob würfeln, den Knoblauch fein würfeln.

2. Die Paprikaschoten halbieren, entstielen, entkernen und die weißen Scheidewände entfernen. Schoten abspülen, abtropfen lassen und in Streifen schneiden. Tomaten abspülen, abtrocknen, halbieren und die Stängelansätze herausschneiden. Tomaten in Stücke schneiden.

3. Das Speiseöl in einem Topf erhitzen. Zwiebel und Knoblauch darin andünsten. Die Paprikastreifen und Tomatenstücke hinzugeben und etwa 5 Minuten unter gelegentlichem Rühren mit andünsten.

4. Die passierten Tomaten unterrühren. Das Ganze mit Salz, Paprikapulver und Würzmischung würzen. Letscho zugedeckt etwa 15 Minuten bei schwacher Hitze köcheln lassen, dabei gelegentlich umrühren.

5. Cabanossi in dünne Scheiben schneiden. Die Wurstscheiben im Letscho erwärmen. Zum Servieren das Letscho nochmals mit den Gewürzen abschmecken.

Beilage: Geröstetes Bauernbrot oder Reis (z. B. vorgegarter aus dem Supermarkt).

Zubereitungszeit: 35 Minuten |
2 Portionen | Pro Portion: E: 23 g, F: 44 g, Kh: 28 g, kJ: 2529, kcal: 603, BE: 2,0

TIPPS

Letscho kommt ursprünglich aus dem ungarischen Raum. Bei uns wird Letscho (ohne Cabanossi) gern zu Grillfleisch oder Bratwürsten gegessen. Wenn es schnell gehen soll, dann erwärmen Sie Letscho aus dem Glas und peppen es mit den Wurstscheiben auf. Etwas schärfer wird das Letscho, wenn Sie es zusätzlich mit 1 Teelöffel Sambal Oelek (indonesische Chili-Gewürzpaste aus dem Glas) würzen.

SPIRELLITOPF MIT RAUCHENDEN

2 Zwiebeln
1 EL Butter
1 EL Tomatenmark
250 g Spirelli (Spiralnudeln, ½ Pck.)
4 Tassen Wasser
(etwa 600 ml, Tasseninhalt je 150 ml)
2 Tassen Tomaten- oder
Gemüsesaft (aus einer Flasche,
Tasseninhalt je 150 ml)
2 TL Gemüsepaste (von Seite 115)
oder Gemüsebrühenpulver
4 Rauchenden (Mettwürstchen)
Salz
gem. Pfeffer
1 Prise Zucker

1. Zwiebeln abziehen und in kleine Würfel schneiden. Butter in einem Topf zerlassen. Die Zwiebelwürfel darin andünsten. Tomatenmark unterrühren und kurz mitdünsten lassen. Spirelli hinzufügen.

2. Das Wasser und den Tomaten- oder Gemüsesaft hinzugießen. Die Gemüsepaste oder das Gemüsebrühenpulver unterrühren, das Ganze unter Rühren zum Kochen bringen und etwa 10 Minuten bei mittlerer Hitze unter gelegentlichem Rühren kochen lassen.

3. In der Zwischenzeit die Rauchenden in Scheiben schneiden und unterrühren. Den Spirellitopf mit Salz, Pfeffer und Zucker abschmecken, noch etwa 5 Minuten ziehen lassen.

Zubereitungszeit: 20 Minuten |
3–4 Portionen | Pro Portion: E: 26 g, F: 40 g, Kh: 57 g, kJ: 2886, kcal: 694, BE: 4,5

TIPP Statt der Rauchenden können Sie auch Kochschinken oder Kasseler in Streifen im Spirellitopf miterwärmen.

SCHNELLES HÄHNCHENCURRY

2 Hähnchenbrustfilets (etwa 300 g)
2 Frühlingszwiebeln
1 kleiner Apfel
2 Möhren
2 EL Butter
1–2 gestr. TL rote Currypaste
(oder Currypulver)
200 ml Kokosmilch (1 kleine Dose)
1 TL Gemüsebrühenpulver
oder Gemüsepaste (von Seite 115)
2 Ringe abgetropfte Ananas
(aus der Dose oder frisch)
1 Beutel vorgegarter Express-Reis
(250 g, aus dem Nährmittelregal)

1. Die Hähnchenbrustfilets unter fließendem kalten Wasser abspülen, trocken tupfen und in feine Streifen schneiden.

2. Die Frühlingszwiebeln putzen, abspülen, abtropfen lassen und in feine Scheiben schneiden. Den Apfel abspülen, abtrocknen, vierteln, entkernen und in Würfel schneiden. Möhren putzen, schälen, abspülen, abtropfen lassen und in dünne Scheiben schneiden.

3. Die Butter in einem Topf oder einer Pfanne zerlassen. Die Hähnchenstreifen mit den Zwiebel- und Möhrenscheiben darin anbraten und unter gelegentlichem Rühren etwa 5 Minuten braten. Dann die Apfelwürfel unterrühren.

4. Currypaste oder Currypulver und Kokosmilch unterrühren. Das Ganze mit Gemüsebrühenpulver oder Gemüsepaste würzen. Alles gut verrühren und etwa 5 Minuten köcheln lassen.

5. Ananas in kleine Stücke schneiden und mit dem Reis in dem Curry erwärmen. Oder wenn der Topf oder die Pfanne nicht groß genug ist, das Curry herausnehmen, warm halten und den Reis extra erwärmen.

Zubereitungszeit: 25 Minuten |
2 Portionen | Pro Portion: E: 42 g, F: 37 g, Kh: 65 g, kJ: 3204, kcal: 767, BE: 5,5

Tipps: Haben Sie frische Basilikumblättchen zur Hand, verwenden Sie diese als Garnierung. Die restlichen Ananasringe schmecken vom Grill besonders lecker. Das passende Rezept dazu finden Sie auf Seite 63 (Putensteaks mit gegrillter Ananas). Currypaste gibt es in verschiedenen Schärfen. Verwenden Sie die Currypaste, deren Schärfe Ihnen angenehm ist.

PIZZASUPPE

1 gelbe Paprikaschote
1 Stange Porree (Lauch)
1 Knoblauchzehe
1–2 EL Speiseöl
1 TL mediterrane Würzmischung
(von Seite 111, oder
gerebelter Thymian)
2 TL Gemüsepaste (von Seite 115)
oder Gemüsebrühenpulver
etwa 1 ½ Tassen Wasser
(etwa 225 ml, Tasseninhalt 150 ml)
evtl. einige Stängel Basilikum
etwa 800 g passierte Tomaten
(aus der Dose oder dem Tetra Pak®)
200 g abgetropfte Champignons in
Scheiben (aus der Dose)
250 g abgespülte, abgetropfte
Kidneybohnen (aus der Dose)
1–2 EL Crème fraîche
Salz
gem. Pfeffer
Paprikapulver

1. Paprika halbieren, entstielen, entkernen und die weißen Scheidewände entfernen. Die Schote abspülen, abtropfen lassen und in Streifen schneiden.

2. Porree putzen. Die Stange seitlich einschneiden, gründlich waschen, abtropfen lassen und in Streifen schneiden. Knoblauch abziehen und fein hacken.

3. Speiseöl in einem Topf erhitzen. Knoblauch, Paprika- und Porreestreifen darin andünsten. Würzmischung und Gemüsepaste oder Gemüsebrühenpulver hinzugeben.

4. Wasser hinzugießen, umrühren und alles zum Kochen bringen. Die Suppe zugedeckt etwa 5 Minuten bei schwacher Hitze köcheln lassen.

5. Basilikum abspülen und trocken tupfen. Die Blättchen von den Stängeln zupfen. Etwa die Hälfte der Blättchen in feine Streifen schneiden.

6. Passierte Tomaten, Champignons und Kidneybohnen hinzufügen. Die Suppe umrühren und weitere etwa 10 Minuten kochen.

7. Crème fraîche mit etwas Suppe glatt rühren, dann unter die restliche Suppe rühren und miterhitzen. Die Suppe mit Salz, Pfeffer und Paprika abschmecken, in Streifen geschnittenes Basilikum unterrühren.

8. Die Suppe mit den restlichen Basilikumblättchen garniert servieren.

Zubereitungszeit: 30 Minuten |
4 Portionen | Pro Portion: E: 13 g, F: 8 g, Kh: 19 g, kJ: 589, kcal: 205, BE: 1,5

 **TIPP** Die Kidneybohnen können durch weiße Bohnen aus der Dose ersetzt werden.

TOM KA GAI
(THAILÄNDISCHE KOKOSSUPPE MIT HUHN)

800 ml Kokosmilch
(2 Dosen)
1–2 TL Gemüsebrühenpulver
oder Gemüsepaste (von Seite 115)
2 Tüten Tom-Ka-Paste
(Thai-Style, für je 500 ml Flüssigkeit,
erhältlich im Asialaden oder in
Spezialitätenabteilungen von
Supermärkten oder im Internet)
1 großes doppeltes Hähnchenbrustfilet
(etwa 400 g)
6 Frühlingszwiebeln
3 Handvoll Champignons (etwa 200 g)
225 g abgetropfter Mais
(aus der Dose)
evtl. 1 rote Chilischote
evtl. 2–3 Stängel Koriander
oder glatte Petersilie
2 Beutel vorgegarter Express-Reis
(je 250 g, aus dem Nährmittelregal)

1. Die Kokosmilch in einen Topf geben, eine Kokosmilchdose mit Wasser füllen und dazugießen. Gemüsebrühenpulver oder Gemüsepaste und Tom-Ka-Paste unterrühren. Das Ganze zum Kochen bringen.

2. Inzwischen die Hähnchenbrustfilets unter fließendem kalten Wasser abspülen, trocken tupfen und in dünne Scheiben schneiden. Die Frühlingszwiebeln putzen, abspülen, abtropfen lassen und in Stücke schneiden.

3. Die Champignons putzen, evtl. kurz abspülen, trocken tupfen und in dicke Scheiben schneiden. Hähnchenscheiben, Frühlingszwiebelstücke, Champignonscheiben und Mais zur Kokosmilch in den Topf geben.

4. Die Suppe nochmals kurz aufkochen und dann bei schwacher Hitze etwa 5 Minuten leicht köcheln lassen.

5. Die Chilischote entstielen, entkernen, abspülen, abtropfen lassen und in feine Ringe schneiden. Koriander abspülen, trocken tupfen und die Blättchen von den Stängeln zupfen.

6. Den Reis in die Suppe geben und miterhitzen. Die Suppe mit Korianderblättchen und Chiliringen bestreut servieren.

Zubereitungszeit: 30 Minuten |
4 Portionen | Pro Portion: E: 35 g, F: 39 g, Kh: 56 g, kJ: 2965, kcal: 713, BE: 4,0

TIPP

Ist der Topf nicht groß genug, die Suppe aus dem Topf in ein verschließbares Gefäß gießen und z. B. im Schlafsack warm halten. Den Reis dann extra erwärmen.

HEISSES VOM GRILL

BELEGTE CAMPERFLADEN, AUFGESPIESSTE WÜRSTCHEN UND VERHÜLLTE KARTOFFELN: BEIM CAMPING GIBT'S KEINEN URLAUB FÜR DEN GRILL

GEGRILLTE LEBERKÄSEPÄCKCHEN
IM LAUGENBRÖTCHEN

8 Radieschen
4 Blätter grüner Salat
(z. B. vom Eisberg- oder Kopfsalat)

2 dicke Scheiben Leberkäse
(je etwa 150 g)
4 EL Senf
1 Tasse Röstzwiebeln (Fertigprodukt,
Tasseninhalt 150 ml)
4 Laugenbrötchen
etwas weiche Butter
zum Bestreichen

Außerdem:
4 Stücke Alufolie
etwas weiche Butter zum Einfetten

1. Die Radieschen putzen, abspülen, abtropfen lassen und in dünne Scheiben schneiden. Die Salatblätter abspülen und trocken tupfen.

2. Die Leberkäsescheiben halbieren. Je ein Leberkäsestück auf die dünn mit Butter gefetteten Stücke Alufolie legen. Leberkäse mit dem Senf bestreichen und mit den Röstzwiebeln bestreuen. Alufolie zu Päckchen falten.

3. Die Leberkäsepäckchen auf den Grillrost des heißen Grills legen und etwa 8 Minuten grillen. Die Laugenbrötchen aufschneiden und auf dem Grillrost am Rand des Grills anrösten.

4. Die Brötchenhälften mit Butter bestreichen. Jede Brötchenunterhälfte mit einem Salatblatt belegen. Den gegrillten Leberkäse aus den Päckchen wickeln und darauflegen. Die Radieschenscheiben darauf verteilen und mit den Brötchenoberhälften belegen.

Zubereitungszeit: 30 Minuten | Grillzeit: etwa 8 Minuten |
4 Portionen | Pro Portion: E: 16 g, F: 39 g, Kh: 42 g, kJ: 2436, kcal: 582, BE: 3,5

TIPPS
Süßer Senf passt natürlich am besten zum Leberkäsebrötchen. Haben Sie keine fertigen Röstzwiebeln im Vorrat, dann braten Sie doch einfach Zwiebelringe von 1–2 Zwiebeln in etwas Speiseöl kurz an und geben diese auf den Leberkäse.

BUNTE WÜRSTCHENSPIEßE

je 1 rote, gelbe und grüne Paprikaschote (je etwa 200 g)
40 Nürnberger Würstchen
(Rostbratwürstchen)
5 EL Speiseöl, z. B. Sonnenblumenöl

Außerdem:
20 Grillspieße (z. B. Bambusspieße
etwa 25 cm lang, über Nacht in
Wasser eingelegt, oder
Metallspieße, 2 pro Würstchenspieß)

1. Die Paprikaschoten halbieren, entstielen, entkernen und die weißen Scheidewände entfernen. Die Schoten abspülen, abtropfen lassen und jede Hälfte in etwa 8 gleich große Spalten schneiden.

2. Auf 2 Spieße gleichzeitig (dann lassen sie sich später besser wenden) abwechselnd 4 Würstchen und 4–5 verschiedene Paprikaspalten aufspießen. Die Spieße von beiden Seiten mit dem Öl bestreichen.

3. Die Spieße auf den Grillrost des heißen Grills legen und etwa 10 Minuten grillen, dabei ab und zu wenden.

Beilage: Dazu passt Barbecue-Sauce oder süße Chilisauce. Oder einfach Senf und Baguette.

Zubereitungszeit: 30 Minuten | Grillzeit: etwa 10 Minuten |
10 Stück | Pro Stück: E: 18 g, F: 24 g, Kh: 2 g, kJ: 1219, kcal: 291, BE: 0,2

TIPP

Zum Einstreichen der Würstchenspieße und anderen Grillguts mit Speiseöl eignen sich Backpinsel. Verwenden Sie immer ein Speiseöl, das eine große Hitzestabilität hat, wie z. B. Sonnenblumenöl.

GEMÜSESALAT VOM GRILL

je 1 rote, gelbe und grüne
Paprikaschote (je etwa 200 g)
4 Tomaten
2 Zucchini
1 kleine Aubergine
6 EL Speiseöl
4 EL Essig
Salz
gem. Pfeffer

1. Die Paprikaschoten halbieren, entstielen, entkernen und die weißen Scheidewände entfernen. Schoten abspülen, abtropfen lassen, grob schälen und vierteln.

2. Tomaten abspülen, abtrocknen, halbieren und die Stängelansätze herausschneiden.

3. Zucchini und Aubergine abspülen, abtrocknen, die Enden abschneiden und in etwa 1 cm dicke Scheiben schneiden.

4. Paprikaschotenviertel, Tomatenhälften, Zucchini- und Auberginenscheiben dünn mit Speiseöl einstreichen und am Rand auf den gefetteten Grillrost des heißen Grills legen. Das Gemüse 10–15 Minuten grillen, dabei ab und zu wenden.

5. Sobald es ausreichend gebräunt ist, das Gemüse vom Grillrost nehmen und in einer flachen Schale oder Auflaufform anrichten. Das Gemüse mit Essig und restlichem Speiseöl beträufeln. Den Gemüsesalat mit Salz und Pfeffer würzen.

Zubereitungszeit: 30 Minuten | Grillzeit: 10–15 Minuten |
4 Portionen | Pro Portion: E: 5 g, F: 16, Kh: 13 g, kJ: 917, kcal: 219, BE: 0,5

TIPPS

Den Gemüsesalat vor dem Hauptgericht grillen, so kann er kurz durchziehen. Wenn Sie Basilikum haben, dann streuen Sie 2 Handvoll vorbereitete Basilikumblätter über den Salat. Sehr lecker schmeckt auch die mediterrane Würzmischung von Seite 111 in diesem Salat. Dazu 1 Teelöffel der Würzmischung mit dem Speiseöl vermischen.
Der Gemüsesalat passt zu frischem Baguette, zu Fleisch und Fisch oder auch zu den gegrillten Polentascheiben von Seite 99.

CAMPERFLADEN VOM GRILL

Für die Fladen:
4 leicht gehäufte Tassen
Weizenmehl (etwa 400 g,
Tasseninhalt je 150 ml)
1 TL Dr. Oetker Backin
1 gestr. TL Salz
1 EL mediterrane Würzmischung
(von Seite 111, oder
Pizza-Gewürzmischung)
etwa 6 EL Speiseöl (60 ml)
etwa 8 EL Milch
(3,5 % Fett, 100 ml)
etwa 8 EL Wasser (100 ml)

Für den Belag:
250 g abgetropfter Mozzarella
(2 Pck., je 125 g)
4 Tomaten
¼ Kopf Eisbergsalat
250 g Sour Cream (1 Becher)
8 große, dünne Scheiben
Kochschinken oder
16 Scheiben roher Schinken

Außerdem:
etwas Mehl zum Teig ausrollen
etwas Speiseöl zum Backen
der Teigfladen

1. Für die Fladen das Mehl mit Backpulver, Salz und der Würzmischung vermengen. Speiseöl, Milch und Wasser mit den Händen gründlich unterarbeiten. Den Teig zugedeckt etwa 30 Minuten ruhen lassen.

2. Den Teig in 8 gleich große Portionen teilen. Jede Portion auf einer leicht bemehlten Arbeitsfläche dünn und rund in Pfannengröße (Ø etwa 20 cm) ausrollen.

3. Die Pfanne mit etwas Speiseöl ausstreichen und die Fladen darin nacheinander backen, bis sie kleine braune Bläschen bekommen und knusprig sind. Dabei die Fladen 1-mal wenden. Für jeden Fladen die Pfanne erneut mit etwas Speiseöl ausstreichen.

4. Für den Belag Mozzarella in dünne Scheiben schneiden. Tomaten abspülen, abtrocknen, halbieren und die Stängelansätze herausschneiden. Tomaten in Scheiben schneiden. Eisbergsalat kurz abspülen, gut abtropfen lassen und in dünne Streifen schneiden.

5. Die Fladen jeweils dünn mit der Sour Cream bestreichen und mit Schinken, Mozzarella- und Tomatenscheiben sowie den Eisbergstreifen belegen.

6. Die belegten Fladen auf den gefetteten Grillrost des heißen Grills legen, bis die Fladen weich werden (3–5 Minuten). Dann die Fladen vom Grill nehmen und sofort servieren.

Zubereitungszeit: 20 Minuten | Teigruhezeit: etwa 30 Minuten | Grillzeit: 3–5 Minuten | etwa 8 Teigfladen | Pro Fladen: E: 24 g, F: 28 g, Kh: 41 g, kJ: 2132, kcal: 509, BE: 3,5

Tipps: Eine leere, gesäuberte Glasflasche eignet sich zum Teig ausrollen, wenn keine Teigrolle vorhanden ist. Die selbst gebackenen Brotfladen erinnern an Piadine, wie man sie aus Italien kennt.

CURRYFORELLEN
AUS DER FOLIE

1 Möhre
1 Bund Frühlingszwiebeln
(etwa 200 g)
1 Bio-Zitrone
(unbehandelt, ungewachst)
4 küchenfertige Forellen
(je 250–300 g)
Salz
gem. Pfeffer
2–3 TL Currypulver
je 4 kleine Stängel Thymian und
Lorbeerblätter oder
4 TL Gemüsepaste (von Seite 115)
40 g weiche Butter

Außerdem:
4 größere Stücke Alufolie

1. Die Möhre putzen, schälen, abspülen, abtropfen lassen, halbieren und schräg in dünne Streifen schneiden. Frühlingszwiebeln putzen, abspülen, abtropfen lassen und schräg in 1 cm breite Scheiben schneiden. Die Zitrone heiß abwaschen, abtrocknen und in 8 Scheiben schneiden.

2. Die Forellen innen und außen unter fließendem kalten Wasser abspülen und trocken tupfen. Die Forellen von innen und außen mit Salz, Pfeffer und Curry würzen.

3. Thymian abspülen und trocken tupfen. Die Forellen mit Möhrenstreifen, Frühlingszwiebelscheiben, Zitronenscheiben, Thymianstängeln und Lorbeerblättern oder der Gemüsepaste füllen.

4. Die Butter in 4 Portionen teilen. Jede Forelle rundherum mit einer Portion Butter bestreichen und auf je 1 Stück Alufolie legen. Die Alufolie fest zu Päckchen verschließen. Dabei darauf achten, dass die Päckchen wirklich dicht sind, sodass keine Flüssigkeit heraustreten kann.

5. Die Curryforellen in der Alufolie auf den Grillrost des heißen Grills legen und etwa 20 Minuten grillen.

6. Die Päckchen öffnen. Der Fisch ist gar, wenn sich die Rückenflosse leicht aus dem Fisch ziehen lässt. Die Curryforellen in der Folie servieren.

Zubereitungszeit: 20 Minuten | Grillzeit: etwa 20 Minuten |
4 Stück | Pro Portion: E: 29 g, F: 13 g, Kh: 7 g, kJ: 1104, kcal: 263, BE: 0,1

KARTOFFEL-ZWIEBEL-SPIEßE

etwa 24 Stück kleine,
festkochende Kartoffeln
125–150 g Frühstücksspeck
(Bacon, 1 Pck.)
4 Frühlingszwiebeln
6 EL Olivenöl
1 TL mediterrane Gewürzmischung
(von Seite 111, oder
gerebelter Rosmarin)
½ TL Salz

Außerdem:
8 Grillspieße
(z. B. Bambusspieße, etwa 30 cm
lang, über Nacht in Wasser eingelegt, oder Metallspieße)

1. Die Kartoffeln gründlich waschen und mit Schale in einem Topf knapp mit Wasser bedeckt zum Kochen bringen. Kartoffeln zugedeckt etwa 10 Minuten kochen, dann abgießen. Die Kartoffeln abkühlen lassen und halbieren.

2. Den Speck quer halbieren und aufrollen. Die Frühlingszwiebeln putzen, abspülen und abtropfen lassen. Das Frühlingszwiebelgrün bis auf etwa 15 cm abschneiden. Frühlingszwiebeln in je 4 Stücke schneiden. Kartoffelstücke, Speckröllchen und Frühlingszwiebeln abwechselnd auf die Spieße stecken.

3. Die vorbereiteten Spieße mit etwas Olivenöl bestreichen und auf den Grillrost des heißen Grills legen. Unter Wenden die Spieße etwa 8 Minuten grillen, dabei zwischendurch mit Olivenöl bestreichen. Kurz vor Ende der Grillzeit das restliche Olivenöl mit Würzmischung oder Rosmarin und Salz verrühren. Die Kartoffel-Zwiebel-Spieße damit bestreichen.

Beilage: Zaziki oder ein selbst gemachter Frischkäse-Dip schmecken gut zu diesen Spießen. Für den Frischkäse-Dip 200 g Frischkäse mit etwas Milch oder Joghurt und 1 Esslöffel Senf verrühren. Den Dip mit etwas Zucker abschmecken.

Zubereitungszeit: 30 Minuten, ohne Abkühlzeit | Grillzeit: etwa 8 Minuten | 8 Stück | Pro Stück: E: 7 g, F: 10 g, Kh: 30 g, kJ: 1000, kcal: 238, BE: 2,5

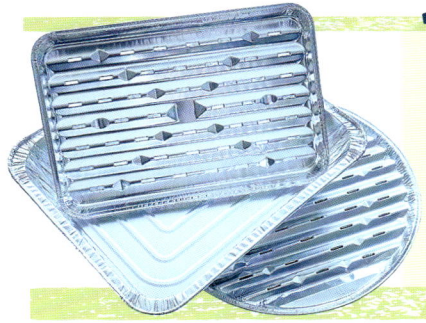

TIPPS

Die Spieße evtl. auf Alufolie oder in Alu-Grillschalen (beides dünn mit Speiseöl bestrichen) grillen.
Für vegetarische Kartoffel-Zwiebel-Spieße den Speck durch rote Paprikastücke ersetzen.

MAISKOLBEN MIT GRILLKARTOFFELN

4 große festkochende oder vorwiegend festkochende Kartoffeln (je etwa 200 g)
1 TL Salz

4 frische Maiskolben (oder abgetropfte Maiskolben aus der Dose)
125 g weiche Kräuterbutter (1 Pck.)

etwas Speiseöl

Außerdem:
Alufolie

1. Die Kartoffeln gründlich waschen und mit Schale in einen Topf geben. Die Kartoffeln knapp mit Wasser bedeckt und zugedeckt zum Kochen bringen, dann Salz hinzufügen. Kartoffeln etwa 20 Minuten vorgaren.

2. Inzwischen die Maiskolben von den Blättern befreien, abspülen und trocken tupfen. Die Maiskolben üppig mit Kräuterbutter einstreichen. Anschließend die Kolben in Alufolie einwickeln. Die Folie gut festdrücken.

3. Die Kartoffeln abgießen und etwas abkühlen lassen. Anschließend die Kartoffeln mit Öl bepinseln, evtl. nochmals mit etwas Salz bestreuen und in Alufolie einschlagen. Die Alufolie gut festdrücken.

4. Die Maiskolben auf den Grillrost des heißen Grills legen und je nach Größe mindestens etwa 30 Minuten grillen, dabei die Kolben ab und zu umdrehen. Die Kartoffeln am Rand des Grillrosts auf den heißen Grill legen und etwa 15 Minuten grillen, dabei die Kartoffeln ab und zu umdrehen.

Beilage: Die Backkartoffeln schmecken am besten mit Kräuterquark oder Zaziki. Oder Sie überraschen mit Wasabiquark. Dazu 1 großen Becher Quark (500 g) mit etwas Milch oder Mineralwasser glatt rühren und 2 Teelöffel Wasabipaste unterrühren. Den Quark mit Salz und Pfeffer abschmecken. Die Maiskolben passen auch gut zu Grillfleisch.

Zubereitungszeit: 30 Minuten | Grillzeit: etwa 30 Minuten | 4 Portionen | Pro Portion: E: 13 g, F: 27 g, Kh: 72 g, kJ: 2479, kcal: 594, BE: 6,0

TIPPS

Schneller geht das Grillen der Maiskolben, wenn diese etwa 10 Minuten in Salzwasser vorgegart werden, bevor sie mit Kräuterbutter bestrichen und in Alufolie verpackt werden. Die gut in Alufolie verpackten Maiskolben und Kartoffeln lassen sich auch in der Glut (die schon mit einer grauen Ascheschicht überzogen ist) vom Lagerfeuer oder Grill garen, wenn kein Grillrost vorhanden ist.

SPARERIBS MIT COLESLAW

Zum Vorbereiten:
Wasser
3 kg dünne Schweinerippchen
(Schälrippchen)
Salz
1 Stange Zimt
2 Knoblauchzehen

Für den Coleslaw:
½ großer Kopf Weißkohl
(etwa 500 g)
Salz
2 Möhren
200 g Salatmayonnaise (1 Glas)
einige Spritzer Zitronensaft
1 EL gerebelte Petersilie
gem. Pfeffer

Für die Marinade:
1 Tasse Tomatenketchup
(Tasseninhalt 150 ml)
2 EL Honig
1 EL Senf
1 EL Barbecue-Sauce

1. Zum Vorbereiten Wasser in einem großen Topf zum Kochen bringen. Die Schweinerippchen in Portionsstücke teilen (sodass sie in den Topf passen, evtl. die Rippen in 2 Portionen kochen), unter fließendem kalten Wasser abspülen und in das kochende Wasser geben. Darauf achten, dass die Rippchen vollständig mit Wasser bedeckt sind.

2. Salz, Zimt und angedrückten Knoblauch zugeben. Die Rippchen 45–60 Minuten zugedeckt bei schwacher Hitze kochen lassen. Die Rippchen sind gar, wenn sich das Fleisch leicht vom Knochen löst. Den Topf von der Kochstelle nehmen und die Rippchen im Kochsud erkalten lassen.

3. Für den Coleslaw den Weißkohl putzen, achteln und den Strunk herausschneiden. Den Kohl abspülen, gut abtropfen lassen und in sehr feine Streifen hobeln oder schneiden. Die Kohlstreifen mit Salz würzen und kräftig durchkneten.

4. Die Möhren putzen, schälen, abspülen und abtropfen lassen und grob raspeln. Die Möhrenraspel zum Weißkraut geben. Mayonnaise mit einem Spritzer Zitronensaft und Petersilie verrühren und gut mit den Kohlstreifen vermischen. Coleslaw nochmals mit Salz, Pfeffer und evtl. Zitronensaft abschmecken.

5. Für die Marinade Tomatenketchup mit Honig, Senf und Barbecue-Sauce verrühren.

6. Die Rippchen aus dem Sud nehmen und abtropfen lassen. Die Rippchen auf den gefetteten Grillrost des heißen Grills legen, etwa 10 Minuten grillen, dabei die Rippchen mehrmals wenden. Die Rippchen sollen knusprig, aber nicht zu dunkel werden. Jetzt die Rippchen von beiden Seiten mit der Marinade bestreichen und für weitere etwa 2 Minuten je Seite grillen. Vorsicht, die Marinade verbrennt schnell!

7. Die gegrillten Rippchen mit dem Salat servieren.

Zubereitungszeit: 35 Minuten, ohne Abkühlzeit | Garzeit: 45–60 Minuten | Grillzeit 10–14 Minuten
4 Portionen | Pro Portion: E: 68 g, F: 58 g, Kh: 31 g, kJ: 3835, kcal: 914, BE: 2,5

KATALANISCHES TOMATENGRILLBROT

2–4 Knoblauchzehen
2 Tomaten
8 Scheiben Baguette, schön lang
geschnitten
4–8 EL Speiseöl
Salz
gem. Pfeffer

1. Den Knoblauch abziehen. Tomaten abspülen, abtrocknen, halbieren und die Stängelansätze herausschneiden.

2. Die Baguettescheiben auf den gefetteten Grillrost des heißen Grills legen und von jeder Seite kurz goldgelb rösten.

3. Die Baguettescheiben vom Grill nehmen und sofort mit dem abgezogenen Knoblauch einreiben. So lange reiben, bis nichts mehr von dem Knoblauch übrig ist.

4. Anschließend die Baguettescheiben mit den angeschnittenen Seiten der Tomatenhälften einreiben und mit Speiseöl beträufeln. Baguettescheiben mit Salz und Pfeffer bestreuen und sofort servieren.

Zubereitungszeit: 10 Minuten, ohne Röstzeit |
4 Portionen | Pro Portion: E: 3 g, F: 16 g, Kh: 22 g, kJ: 1001, kcal: 239, BE: 1,5

TIPPS

Die Brotscheiben zusätzlich mit frisch gehobeltem Parmesan-Käse und vorbereitetem Rucola (Rauke) bestreuen.
Die Tomatenhälften nach dem Abreiben auf den heißen Grill (gefettet) legen, mit Salz und Pfeffer würzen und dazureichen.
Auch für schon etwas altbackenes Baguette oder Brot ist das eine tolle Idee. Das Brot kann auch einfach in einer leicht mit Öl ausgestrichenen Pfanne angeröstet werden.

GEGRILLTE SARDINEN
MIT PAPAS ARRUGADAS UND GRÜNER SAUCE

Zum Vorbereiten für die grüne Sauce:
1 Bund glatte Petersilie
1 Bund Koriander
1 Knoblauchzehe
Salz
Pfeffer
nach Belieben
1 Prise gem. Kreuzkümmel
1 Tasse Speiseöl
(Tasseninhalt 150 ml)

Für die Papas Arrugadas
(Pellkartoffeln mit Salzkruste):
1 kg kleine, gleich große
festkochende Kartoffeln
knapp 1 ½ Tassen Salz
(etwa 120 g, Tasseninhalt 150 ml)

1 kg küchenfertig
vorbereitete Sardinen
2–3 EL mediterrane
Gewürzmischung (von Seite 111)
etwas Speiseöl

Außerdem:
1–2 Alu-Grillschalen

1. Zum Vorbereiten für die grüne Sauce Petersilie und Koriander abspülen, trocken tupfen und die Blättchen von den Stängeln zupfen. Knoblauch abziehen und hacken. Kräuterblättchen, Knoblauch, Salz, Pfeffer, Kreuzkümmel und Speiseöl in einen hohen Rührbecher geben und zu einer Sauce pürieren. Die Sauce zum Mitnehmen in ein gesäubertes, fest verschließbares Glas geben.

2. Die Kartoffeln gründlich waschen und in einen Topf geben. Das Salz zu den Kartoffeln geben und untermischen. Die Kartoffeln knapp mit Wasser bedeckt zum Kochen bringen. Die Kartoffeln zugedeckt in 20–25 Minuten gar kochen und abgießen. Die Kartoffeln im offenen Topf unter häufigem Schütteln abdämpfen lassen, bis sich die typische Salzkruste bildet. Die Kartoffeln warm halten.

3. Inzwischen die küchenfertigen Sardinen unter fließendem kalten Wasser innen und außen abspülen und trocken tupfen. Die Sardinen innen mit Salz und Gewürzmischung würzen. Die Sardinen großzügig mit Speiseöl bestreichen und in Alu-Grillschalen legen. Die Grillschalen auf den Grillrost des heißen Grills stellen. Die Sardinen 3–5 Minuten je Seite grillen, vor dem Servieren mit Salz und Pfeffer würzen.

Zubereitungszeit: 40 Minuten | Grillzeit: 6–10 Minuten | 4 Portionen
Pro Portion: E: 55 g, F: 52 g, Kh: 41 g, kJ: 3562, kcal: 850, BE: 3,5

Tipps: Die grüne Sauce können Sie zum Mitnehmen in ein verschließbares Glas oder eine Flasche füllen. Sie hält sich im Kühlschrank etwa 1 Woche. Koriander zählt nicht zu Ihren Lieblingskräutern? Dann verwenden Sie statt dessen Basilikum. Papas Arrugadas sind Pellkartoffeln mit Salzkruste, wie man Sie z. B. aus dem Mittelmeerraum kennt. Statt normalem Salz können Sie grobkörnigeres Meersalz verwenden. Olivenöl bringt für dieses Gericht den idealen Geschmack mit.

KARTOFFELSPALTEN
MIT ZIEGENFRISCHKÄSE AUS DER FOLIE

2 Knoblauchzehen
etwa 8 EL Speiseöl
1 TL Paprikapulver
4 mittelgroße Kartoffeln
2 Zwiebeln (rot oder weiß)
Salz
gem. Pfeffer

evtl. einige Stängel Petersilie
100 g Ziegenfrischkäse-Rolle
(1 Pck.)

Außerdem:
4 Stücke Alufolie, etwa 30 x 40 cm

1. Knoblauch abziehen und klein hacken oder zerdrücken und in eine größere Schüssel geben. Öl und Paprikapulver unterrühren.

2. Die Kartoffeln mit Wasser gut abbürsten oder die Kartoffeln schälen, abspülen, abtropfen lassen, längs achteln und mit dem Knoblauch-Paprika-Öl vermischen.

3. Zwiebeln abziehen und in Scheiben schneiden. Jeweils 8 marinierte Kartoffelspalten nebeneinander mittig auf ein Stück doppelt gefaltete Alufolie legen. Die Kartoffelspalten mit Salz und Pfeffer bestreuen. Die Zwiebelscheiben mit dem restlichen Knoblauch-Paprika-Öl aus der Schüssel beträufeln und auf den Kartoffeln verteilen.

4. Dann die Folien jeweils gut verschließen und im Randbereich auf den Grillrost des heißen Grills legen. Die Kartoffel-Zwiebel-Mischung bei nicht zu starker Hitze etwa 25 Minuten grillen.

5. Petersilie abspülen, trocken tupfen und die Blättchen von den Stängeln zupfen. Die Blättchen grob hacken.

6. Die Päckchen vorsichtig öffnen und den Ziegenfrischkäse auf die Kartoffel-Zwiebel-Mischung bröseln. Die Päckchen wieder verschließen und das Ganze weitere 5–10 Minuten grillen, bis die Kartoffeln gar sind.

7. Zum Servieren die Päckchen öffnen und mit Petersilie bestreut servieren.

Zubereitungszeit: 5 Minuten | Grillzeit: 25–35 Minuten |
4 Portionen | Pro Portion: 4 g, F: 26 g, Kh: 22 g, kJ: 1437, kcal: 344, BE: 1,5

 **TIPP** Die gegrillten Kartoffelspalten schmecken auch mit Schafskäse zubereitet sehr lecker.

GEGRILLTE FOCACCIA-BROTE

2 große Tomaten
2 Handvoll Rucola
(Rauke, etwa 80 g)

2 kleine, runde Focaccia-Brote
(je etwa 120 g, aus dem Supermarkt)

2 EL rotes Pesto (siehe
z. B. Tomatenpesto von Seite 119)
2 EL Salatmayonnaise oder Frischkäse
2 große, dünne Scheiben
Kochschinken
2 Scheiben Provolone
(italienischer Schnittkäse, oder Gouda)

Salz
gem. Pfeffer

1. Die Tomaten abspülen, abtrocknen, halbieren und die Stängelansätze herausschneiden. Die Tomaten in dünne Scheiben schneiden. Rucola verlesen und dicke Stängel abschneiden. Rucola abspülen, in einem Küchentuch trocken schleudern. Rucola evtl. etwas kleiner zupfen.

2. Die Brote am Rand auf den gefetteten Grillrost des heißen Grills legen. Dabei sollte der Grillrost so hoch wie möglich über der Glut eingelegt sein. Die Brote von beiden Seiten anrösten.

3. Die gegrillten Brote jeweils halbieren und aufschneiden. Die Unterhälften mit Pesto, die Oberhälften mit Mayonnaise oder Frischkäse bestreichen.

4. Die Schinkenscheiben halbieren. Die Unterhälften jeweils mit einer Scheibe Käse und Schinken, den Tomatenscheiben (diese mit etwas Salz und Pfeffer bestreuen) und dem Rucola belegen. Die Oberhälften daraufsetzen und die Focaccia-Brote genießen.

Zubereitungszeit: 20 Minuten |
2 Portionen | Pro Portion: E: 34 g, F: 39 g, Kh: 57 g, kJ: 2996, kcal: 716, BE: 2,0

 Wenn Sie keine Focaccia-Brote bekommen dann lassen sich auch Sandwich-Toast- oder Pide-Taschen mit den Zutaten füllen. Die Brottaschen wie im Rezept beschrieben von beiden Seiten anrösten und füllen.

PUTENSTEAK
MIT GEGRILLTER ANANAS

Für die Marinade:
2 EL Sojasauce
1 gestr. TL Zucker
2 EL Speiseöl

4 Putensteaks (je etwa 150 g)
4 Scheiben frische Ananas
(je etwa 80 g)
gem. Pfeffer

1. Für die Marinade Sojasauce mit Zucker und Speiseöl so lange verrühren, bis der Zucker aufgelöst ist.

2. Putensteaks unter fließendem kalten Wasser abspülen und trocken tupfen. Putensteaks und Ananasscheiben in eine flache Schale legen und mit Pfeffer bestreuen.

3. Die Marinade mit einem Pinsel gleichmäßig daraufstreichen oder die Putensteaks und Ananasscheiben in der Marinade wenden. Die Putensteaks und Ananasscheiben mit Frischhaltefolie zugedeckt im Kühlschrank über Nacht durchziehen lassen. Putensteaks und Ananasscheiben nach einigen Stunden wenden.

4. Die Putensteaks und Ananasscheiben auf den gefetteten Grillrost des heißen Grills legen und unter mehrmaligem Wenden 10–15 Minuten grillen.

Zubereitungszeit: 20 Minuten | Marinierzeit: etwa 1 Tag (mindestens etwa 12 Stunden) | Grillzeit: 10–15 Minuten | 4 Portionen | Pro Portion: E: 37 g, F: 5 g, Kh: 12 g, kJ: 1007, kcal: 241, BE: 1,0

TIPPS

Die Putensteaks nach Belieben mit geschroteten rosa Pfefferbeeren anrichten. Statt frischer Ananas können Sie auch 4 abgetropfte Ananasscheiben aus der Dose nehmen. Übrig gebliebenes Ananasfruchtfleisch hält sich zugedeckt 2–3 Tage im Kühlschrank frisch. Mit etwas frischer Minze gemischt, lässt sich das klein geschnittene Ananasfruchtfleisch mit gut gekühltem Eistee, Mineralwasser und Ginger Ale in eine fruchtige Bowle für den Abend verwandeln.

STOCKBROT

1 kg Weizenmehl
2 Pck. Dr. Oetker Backin
1 gestr. EL Salz
etwa 150 g weiche Butter
oder Margarine
500 ml Milch (3,5 % Fett)

Außerdem:
12 Stöcke (80–100 cm lang,
Ø 1–2 cm, z. B. Weide oder Haselnuss)
evtl. Alufólie

1. Weizenmehl mit Backpulver und Salz in einer Schüssel vermischen. Butter oder Margarine in Stücken und Milch hinzugeben. Die Zutaten so lang verkneten, bis ein geschmeidiger Teig entsteht. Den Teig etwa 30 Minuten zugedeckt ruhen lassen.

2. Die Stöcke säubern und evtl. fest mit Alufolie umwickeln.

3. Den Teig in 12 gleich große Portionen teilen und diese zu langen dünnen Rollen formen. Die Rollen spiralförmig, jeweils an der Spitze beginnend, um die vorbereiteten Stöcke wickeln. Der Teig darf nicht zu dick sein, damit er gleichmäßig backen kann, ohne zu verbrennen.

4. Die so vorbereiteten Stockbrote, unter ständigem Drehen, 12–15 Minuten über der Glut des Grills oder des Lagerfeuers backen. Es sollten keine Flammen mehr hochschlagen, da das Stockbrot sonst außen zu dunkel wird und der Teig direkt am Holz noch nicht durchgebacken ist.

Rezeptvariante: Für Curry-Zwiebel-Stockbrot zusätzlich 2 sehr fein gewürfelte Zwiebeln in 1–2 Esslöffeln Speiseöl andünsten, mit 1–2 Esslöffeln mildem Currypulver bestäuben. Diese Mischung unter den vorbereiteten Stockbrotteig kneten.

Zubereitungszeit: 30 Minuten, ohne Teigruhezeit |
Grillbackzeit: 12–15 Minuten | etwa 12 Stockbrote |
Pro Stockbrot: E: 10 g, F: 13 g, Kh: 63 g, kJ: 1714, kcal: 409, BE: 5,0

Tipp: Der Stockbrotteig lässt sich vielfältig variieren! Probieren Sie es mit sehr fein gewürfeltem Speck und sehr fein gewürfelten Backpflaumen oder sehr fein gehackten Walnüssen und getrockneten, sehr fein gehackten Aprikosen.

HALLOUMI
IN FLADENBROTTASCHEN

Für den Tomatensalat:
6 mittelgroße Tomaten
1 Zwiebel
1–2 EL Speiseöl
1 TL Essig
1 Prise Zucker
Salz
gem. Pfeffer
1–2 Stängel Basilikum
(wenn vorhanden) oder ½ TL
mediterrane Würzmischung
(von Seite 111)

250 g Halloumi-Käse (halbfester
Schnittkäse aus Zypern)
4 kleinere ovale Fladenbrote

Außerdem:
evtl. Alufolie

1. Für den Tomatensalat Tomaten abspülen, abtrocknen, halbieren und die Stängelansätze herausschneiden. Tomaten in Scheiben schneiden. Zwiebel abziehen und fein würfeln. Speiseöl mit Essig verrühren. Die Zwiebelwürfel unterrühren. Tomatenscheiben unterheben. Tomatensalat mit Zucker, Salz und Pfeffer würzen.

2. Basilikum abspülen, trocken tupfen und die Blättchen von den Stängeln zupfen. Blättchen oder die Würzmischung unter den Tomatensalat rühren.

3. Halloumi in 8 Scheiben schneiden und auf dem Grillrost (evtl. mit Alufolie belegt und dünn mit Speiseöl bestrichen) des heißen Grills von jeder Seite etwa 2 Minuten grillen. Die Fladenbrote ebenfalls auf den Grill legen und von jeder Seite etwa 2 Minuten grillen.

4. Fladenbrote seitlich etwa zur Hälfte einschneiden, sodass eine Tasche entsteht. Fladenbrote mit den gegrillten Halloumi-Scheiben und dem Tomatensalat füllen und sofort servieren.

Zubereitungszeit: 20 Minuten | Grillzeit: etwa 5 Minuten |
4 Stück | Pro Stück: E: 29 g, F: 25 g, Kh: 63 g, kJ: 2483, kcal: 592, BE: 5,0

TIPP

Mögen Sie den Halloumi etwas geschmacksintensiver, dann legen Sie die Halloumi-Scheiben vor dem Grillen etwa 1 Stunde in folgende Marinade ein. 50 ml Speiseöl mit etwas fein gehackter Chilischote, 1 fein gehackten Knoblauchzehe und Kräutern (z. B. Basilikum, Thymian oder Rosmarin oder 1 Teelöffel der mediterranen Gewürzmischung) und etwas Pfeffer vermischen. Die Halloumi-Scheiben mit der Marinade beträufeln und zugedeckt, möglichst kalt gestellt, durchziehen lassen.

GEGRILLTES GEMÜSE
MIT SCHAFSKÄSE

1 große rote Paprikaschote
1 Zucchini
200 g Schafskäse (1 Pck.)
12 Cocktailtomaten
1 TL mediterrane Gewürzmischung
(von Seite 111) oder
1 TL gerebelter Rosmarin
1–2 EL Zitronensaft
4 EL Speiseöl
Salz
gem. Pfeffer

Außerdem:
4 Stücke Alufolie, etwa 30 x 40 cm

1. Die Paprikaschote halbieren, entstielen, entkernen und die weißen Scheidewände entfernen. Schotenhälften abspülen, abtropfen lassen und in mundgerechte Stücke schneiden. Die Zucchini abspülen, abtrocknen und die Enden abschneiden. Zucchini halbieren und in Würfel schneiden. Den Schafskäse ebenfalls in Würfel schneiden.

2. Die Cocktailtomaten abspülen, abtrocknen und halbieren, evtl. die Stängelansätze herausschneiden.

3. Die Paprikastücke, Zucchini- und Schafskäsewürfel mit den Tomaten und der Würzmischung oder dem Rosmarin in eine Schüssel geben. Zitronensaft und Speiseöl hinzugeben.
Die Zutaten gut vermischen, mit Salz und Pfeffer würzen.

4. Aus doppelt gefalteter Alufolie 4 rechteckige Formen (je etwa 30 x 20 cm) falten. Die Gemüsemischung in 4 Portionen teilen, in die Aluförmchen geben.

5. Die Gemüsepäckchen am Rand des Grillrostes auf den heißen Grill legen und 15–20 Minuten grillen.

Zubereitungszeit: 15 Minuten | Grillzeit: 15–20 Minuten |
4 Portionen | Pro Portion: E: 10 g, F: 23 g, Kh: 6 g, kJ: 1136, kcal: 271, BE: 0,5

TIPP Einen Rosmarinzweig und kleine rote und grüne Chilischoten abspülen, abtropfen lassen und auf dem Grill mitgrillen. Der Rosmarinzweig sorgt für Aroma und die Chilischoten sind eine perfekte Ergänzung zum mediterranen Gemüse.

GEFÜLLTES FLADENBROT

1 Zucchini (etwa 250 g)
1 Bund Frühlingszwiebeln (etwa 150 g)
1 EL Olivenöl
Salz
gem. Pfeffer
1 rundes Fladenbrot (etwa 500 g)
200 g Doppelrahm-Frischkäse mit Kräutern

Außerdem:
Alufolie

1. Zucchini abspülen, trocken tupfen und die Enden abschneiden. Zucchini der Länge nach halbieren und in dünne Scheiben schneiden.

2. Frühlingszwiebeln putzen, abspülen, abtropfen lassen und in dünne Scheiben schneiden.

3. Das Öl in einer Pfanne erhitzen. Die Zucchinischeiben darin bei mittlerer Hitze anbraten, mit Salz und Pfeffer würzen. Frühlingszwiebelscheiben unterheben. Das Zucchini-Zwiebel-Gemüse aus der Pfanne nehmen.

4. Das Brot vierteln. Die Viertel aufschneiden und alle Ober- und Unterteile mit Frischkäse bestreichen. Das etwas abgekühlte Gemüse auf den 4 Unterteilen verteilen. Die oberen Brotstücke mit der bestrichenen Seite nach unten darauflegen.

5. Die gefüllten Brotviertel in Alufolie wickeln und am Rand auf den Grillrost des heißen Grills legen. Fladenbrot bei mittlerer Hitze etwa 10 Minuten unter Wenden grillen. Die Brotviertel auspacken und nach Belieben nochmals durchschneiden.

Beilage: Selbst gemachten Zaziki dazureichen. Dafür 1 Salatgurke schälen und die Enden abschneiden. Die Gurke längs halbieren, entkernen und fein raspeln oder in sehr kleine Stücke schneiden. 3 Knoblauchzehen abziehen und durch eine Knoblauchpresse drücken oder sehr fein hacken. 500 g Joghurt mit Gurke und Knoblauch vermengen, mit Salz und Pfeffer abschmecken.

Zubereitungszeit: 20 Minuten | Grillzeit: etwa 10 Minuten |
4 Portionen | Pro Portion: E: 14 g, F: 16 g, Kh: 65 g, kJ: 1944, kcal: 464, BE: 5,0

TIPP Für ein gefülltes Tunfisch-Fladenbrot zusätzlich 1 Dose Tunfisch in Öl (Füllgewicht 195 g) gut abtropfen lassen. Den abgetropften Tunfisch mit einer Gabel etwas zerteilen und zusätzlich auf die belegten Brotstücke geben.

DIES & DAS

SCHNELLER BRATWURSTSALAT,
GERÜHRTE GURKENSUPPE
UND FEURIGES BOHNEN-
ZWIEBEL-CHILI:
ZUM SATTESSEN ODER
RUNDUM GLÜCKLICH MACHEN

COUSCOUS-SALAT
AUS DEM SCHÜTTELBECHER

1 Tasse Instant-Cousous (100 g,
Tasseninhalt 150 ml)
2 Stängel Minze
300 g Joghurt (2 Becher, 3,5 % Fett)
Salz
1–2 TL Zitronensaft
2 mittelgroße Tomaten
1 gelbe Paprikaschote
1 Bund glatte Petersilie

Außerdem:
1 hohes, verschließbares,
becherartiges Gefäß
(Schüttelbecher,
mind. 1,2 l Inhalt)

1. Couscous nach Packungsanleitung zubereiten und erkalten lassen. Couscous mit einer Gabel auflockern.

2. Minze abspülen, trocken tupfen und die Blätter abzupfen. Die Blätter fein schneiden. Die Minze unter den Joghurt rühren. Den Minzejoghurt mit Salz und Zitronensaft abschmecken.

3. Tomaten abspülen, abtrocknen, halbieren und die Stängelansätze herausschneiden. Tomaten in Würfel schneiden. Paprikaschote halbieren, entstielen, entkernen und die weißen Scheidewände entfernen. Schote abspülen, abtropfen lassen und fein würfeln. Petersilie abspülen, trocken tupfen und die Blättchen von den Stängeln zupfen. Die Petersilienblättchen in grobe Streifen schneiden.

4. Den Schüttelbecher mit kaltem Wasser ausspülen. Dann in folgender Reihenfolge die vorbereiteten Zutaten einfüllen: zuerst den Minzejoghurt, dann den Couscous, darauf die Tomaten- und Paprikawürfel und zum Schluss die Petersilie. Den Schüttelbecher mit dem passenden Deckel verschließen.

5. Den Couscous-Salat erst direkt vor dem Verzehr kräftig schütteln! So bleibt alles schön frisch und ist im Kühlschrank etwa 2 Tage haltbar.

Zubereitungszeit: 30 Minuten, ohne Abkühlzeit |
2 Portionen | Pro Portion: Pro Portion: E: 14 g, F: 7 g, Kh: 48 g, kJ: 1324, kcal: 316, BE: 4,0

TIPPS

Der Salat lässt sich gut zu Hause vorbereiten, mitnehmen und ist dann geschüttelt ruck, zuck servierbereit. Wenn Sie den Couscous-Salat zu Hause vorbereiten oder Sie auch unterwegs Sambal Oelek und gemahlenen Kreuzkümmel zur Verfügung haben, dann würzen Sie den Minzejoghurt doch zusätzlich mit 1 gestrichenen Teelöffel Sambal Oelek und 1 Prise gemahlenem Kreuzkümmel.
Übrigens: Für die Zubereitung von Instant-Couscous oder z. B. auch asiatische Instant-Mie-Nudeln benötigen Sie keinen Herd – perfekt für die Camping-Küche!

SCHNELLES MATROSENGERICHT
(LABSKAUS FÜR DEN CAMPINGPLATZ)

1 Dose Corned Beef (340 g)
1 große Zwiebel
3 EL Butter
1 Beutel Kartoffelpüreepulver
(für 500 ml Wasser)
Salz
gem. Pfeffer

3 Eier
185 g abgetropfte Rote Bete (1 Glas)
185 g abgetropfte Cornichons
(1 Glas)
6 Rollmöpse

1. Corned Beef grob würfeln. Die Zwiebel abziehen und fein würfeln. 2 Esslöffel von der Butter in einer Pfanne zerlassen. Corned Beef und Zwiebeln darin bei schwacher Hitze etwa 10 Minuten leicht braten.

2. Inzwischen das Kartoffelpüree nach Packungsanleitung mit Wasser zubereiten.

3. Corned Beef und Zwiebeln kräftig mit Salz und Pfeffer würzen und unter das Kartoffelpüree mischen.

4. Die restliche Butter in der Pfanne zerlassen. Die Eier darin als Spiegeleier braten, mit etwas Salz würzen. Das Püree auf 2 Teller verteilen und je ein Spiegelei daraufgeben. Dazu Rote Bete, Cornichons und je 2 Rollmöpse reichen.

Zubereitungszeit: 30 Minuten |
3 Portionen | Pro Portion: E: 54 g, F: 44 g, Kh: 30 g, kJ: 3078, kcal: 734, BE: 2,5

TIPP

Natürlich können Sie das Kartoffelpüree auch selbst zubereiten. Dazu 500 g mehligkochende Kartoffeln schälen, abspülen, abtropfen lassen und in Stücke schneiden. Die Kartoffelstücke knapp mit Wasser bedeckt in einen Topf geben, mit ½ Teelöffel Salz bestreuen und zum Kochen bringen. Die Kartoffeln zugedeckt in etwa 15 Minuten gar kochen, abgießen und zerstampfen. 1–2 Esslöffel Butter zugeben. Etwa 125 ml Milch erwärmen und unter die Kartoffelmasse rühren. Das Kartoffelpüree wie im Rezept angegeben weiterverarbeiten.

BROT-SCHINKEN-PFANNE

250 g Weißbrot
(z. B. Toastbrot, Baguette
oder Brötchen)
3 große Fleischtomaten
4 Knoblauchzehen
2 Zwiebeln
6 EL Speiseöl
etwa 200 g magere
Schinkenwürfel (1 Pck.)
evtl. einige Stängel Basilikum
Salz
gem. Pfeffer

1. Weißbrot in Würfel schneiden. Tomaten abspülen, trocken tupfen, halbieren und die Stängelansätze herausschneiden. Tomatenhälften in Würfel schneiden.

2. Knoblauch und Zwiebeln abziehen. Knoblauch in dünne Scheiben, Zwiebeln in Streifen schneiden.

3. Vier Esslöffel des Öls in einer Pfanne erhitzen. Die Brotwürfel darin von allen Seiten leicht bräunen. Knoblauchscheiben hinzugeben und mitbräunen lassen.

4. Die Hälfte der Brotwürfel aus der Pfanne nehmen und beiseitestellen. Restliches Olivenöl in die Pfanne geben und erhitzen.

5. Die Zwiebelstreifen, Schinken- und Tomatenwürfel hinzugeben und unter gelegentlichem Rühren etwa 5 Minuten dünsten.

6. In der Zwischenzeit das Basilikum abspülen und trocken tupfen. Die Blättchen von den Stängeln zupfen. Einige Blättchen zum Garnieren beiseitelegen. Restliche Blättchen in Streifen schneiden.

7. Basilikumstreifen unter die Brot-Schinken-Pfanne mischen, mit Salz und Pfeffer würzen.

8. Beiseitegestellte Brotwürfel darauf verteilen, mit den Basilikumblättchen garnieren und sofort servieren, damit die Brotwürfel knusprig bleiben.

Zubereitungszeit: 25 Minuten |
4 Portionen | Pro Portion: E: 16 g, F: 18 g, Kh: 38 g, kJ: 1603, kcal: 382, BE: 2,5

 **TIPPS** Wer das Brot ganz knusprig mag, kann die Brotwürfel auch separat braten und zum Schluss untermischen. Die Brot-Schinken-Pfanne vorsichtig mit Salz würzen, da der Schinken schon reichlich Würze mitbringt.

CHICKEN-CROSSIES

4 kleine Hähnchenbrustfilets
(etwa 500 g)
Salz
Paprikapulver
1 kleine Tüte Kartoffelchips
(60 g, nach Ihrem Geschmack)
2 Tassen Semmelbrösel (etwa 100 g,
Tasseninhalt je 150 ml)
2–3 Eier (Größe M)
1 knappe Tasse Weizenmehl
(Tasseninhalt 150 ml)
4 EL Speiseöl
2 EL Butter

1 Flasche Asia-Sauce
(200 ml, z. B. süßsaure Sauce)

1. Hähnchenbrustfilets unter fließendem kalten Wasser abspülen und mit Küchenpapier trocken tupfen. Die Filets in etwa 1 cm dicke Scheiben schneiden, mit Salz und Paprika würzen.

2. Die Kartoffelchips in der Tüte ordentlich durchkneten und zerkleinern, bis sie etwa Haferflockengröße haben. Die zerkleinerten Chips mit den Semmelbröseln vermischen. Die Eier verschlagen.

3. Die gewürzten Hähnchenscheiben zuerst rundherum in Mehl, dann in den Eiern und zuletzt in der Bröselmischung wenden. Die Brösel gut andrücken, nicht haftende Brösel leicht abschütteln.

4. Jeweils die Hälfte des Speiseöl und der Butter in einer Pfanne erhitzen. Die Hälfte der panierten Hähnchenscheiben darin von jeder Seite etwa 4 Minuten kross braten. Die fertigen Chicken-Crossies aus der Pfanne nehmen und warm stellen.

5. Die restlichen panierten Hähnchenscheiben auf die gleiche Weise in der Pfanne mit dem restlichen Speiseöl und der Butter braten. Die Chicken-Crossies mit der Asia-Sauce sofort servieren.

Zubereitungszeit: 30 Minuten |
4 Portionen | Pro Portion: E: 36 g, F: 19 g, Kh: 40 g, kJ: 2177, kcal: 521, BE: 3,5

 **TIPPS** Statt der Asia-Sauce schmeckt auch die selbst gemacht Barbecue-Sauce von Seite 117 gut dazu. Oder Sie servieren die Chicken-Crossies mit dem Pesto-Nudel-Salat von Seite 83.

PESTO-NUDEL-SALAT

2 ½ l Wasser
2 ½ gestr. TL Salz
250 g Nudeln
(z. B. Farfalle-Nudeln, ½ Pck.)
1–2 TL grünes Pesto
(z. B. Petersilienpesto von Seite 119)
etwa 10 Cocktailtomaten
Salz
gem. Pfeffer

1. Wasser in einem Topf zugedeckt zum Kochen bringen. Dann Salz und Nudeln hinzugeben. Die Nudeln bei mittlerer Hitze nach Packungsanleitung gar kochen, dabei gelegentlich umrühren.

2. Anschließend die Nudeln in ein Sieb geben (dabei 2–3 Esslöffel vom Kochwasser auffangen), die Nudeln kurz abspülen (damit sie nicht kleben) und abtropfen lassen. Das Pesto mit dem aufgefangenen Nudelkochwasser verrühren und die noch heißen Nudeln damit vermischen, alles durchziehen lassen.

3. Tomaten abspülen und abtrocknen, evtl. halbieren. Vor dem Servieren den Salat mit Salz und Pfeffer würzen. Tomaten unterheben.

Beilage: Besonders lecker zu diesem Salat sind die Würstchenspieße von Seite 41. Dann reichts auch für 4 Portionen. Oder einfach 4 große Bratwürste oder Nackensteaks dazugrillen.

Zubereitungszeit: 20 Minuten, ohne Durchziehzeit |
2 Portionen | Pro Portion: E: 17 g, F: 4 g, Kh: 91 g, kJ: 2002, kcal: 478, BE: 7,5

TIPPS Zusätzlich einige Schafskäsewürfel oder Oliven in den Salat geben. Der Salat schmeckt auch warm lecker.

JAGDWURSTPFANNE

1 Zwiebel
1 Bund Frühlingszwiebeln
4 Scheiben Frühstücksspeck
in Scheiben (Bacon)
500 g gegarte Pellkartoffeln
(etwa 10 Stück)
Salz
gem. Pfeffer
½ TL Paprikapulver
6 Eier
¾ Tasse Milch (3,5 % Fett,
etwa 125 ml, Tasseninhalt 150 ml)
250 g Jagdwurst
2 EL Schnittlauchröllchen

1. Zwiebel abziehen und in kleine Würfel schneiden. Frühlingszwiebeln putzen, abspülen, abtropfen lassen und in feine Scheiben schneiden.

2. Speck in feine Streifen schneiden und in einer großen erwärmten Pfanne auslassen.

3. Die Zwiebelwürfel darin dünsten. Die Frühlingszwiebelscheiben ebenfalls unterrühren.

4. Kartoffeln pellen und in dünne Scheiben schneiden. Kartoffelscheiben mit in die Pfanne geben, unter gelegentlichem Wenden anbraten. Die Kartoffeln mit Salz, Pfeffer und Paprikapulver bestreuen.

5. Eier mit Milch verschlagen. Jagdwurst in Würfel schneiden und unterheben.

6. Die Eiermilch in die Pfanne geben, den Deckel auf die Pfanne legen und bei schwacher Hitze etwa 10 Minuten stocken lassen.

7. Nach etwa 8 Minuten mit dem Pfannenwender probieren, ob sich die Mischung vom Pfannenboden löst, dann die Jagdwurstpfanne in 4 Portionen teilen, auf Teller gleiten lassen und mit Schnittlauch bestreut servieren.

Zubereitungszeit: 30 Minuten |
4 Portionen | Pro Portion: E: 27 g, F: 25 g, Kh: 22 g, kJ: 1764, kcal: 421, BE: 1,5

TIPPS
Hier lassen sich gut Reste verarbeiten. Gekochte Kartoffeln vom Vortag oder Folienkartoffeln, die vom Grillen übrig sind, machen sich ideal in dieser Pfanne. Statt Jagdwurst können Sie auch andere Wurstreste (z. B. vom Aufschnitt oder Bratwurstreste) klein schneiden und mitbraten. Haben Sie keine große Pfanne zur Hand, dann die Zutaten einfach portionsweise in einer kleineren Pfanne braten.

GURKENSUPPE MIT JOGHURT

1 große Salatgurke
2 Knoblauchzehen
500 g griechischer Joghurt
etwa 10 EL Milch (3,5 % Fett)
oder kaltes Wasser
evtl. je 2–3 Stängel Dill und Minze
Salz
gem. Pfeffer

evtl. einige Tropfen Speiseöl

1. Gurke abspülen, abtrocknen und die Enden abschneiden. Gurke in sehr kleine Stücke schneiden oder raspeln und in eine Schüssel geben. Knoblauch abziehen und durch die Knoblauchpresse hinzudrücken oder fein schneiden und hinzugeben.

2. Den Joghurt mit Milch oder Wasser glatt rühren und mit den Gurken verrühren.

3. Kräuter abspülen, trocken tupfen, die Spitzen und Blättchen abzupfen, einige zum Garnieren beiseitelegen, die restlichen fein schneiden. Dill und Minze unter die Suppe rühren. Die Suppe mit Salz und Pfeffer abschmecken, und wenn die Möglichkeit besteht, etwa 2 Stunden im Kühlschrank durchziehen lassen.

4. Zum Servieren nach Belieben etwas Speiseöl unterrühren. Die Suppe mit den beiseitegelegten Dillspitzen und Minzeblättchen servieren.

Beilage: Geröstetes oder gegrilltes Vollkorn-Toastbrot.

Zubereitungszeit: 20 Minuten|
4 Portionen | Pro Portion: E: 5 g, F: 13 g, Kh: 8 g, kJ: 723, kcal: 172, BE: 0,5

TIPP Je nachdem, ob Sie die Suppe lieber dünn- oder dickflüssig mögen, etwas mehr oder weniger Milch oder Wasser unterrühren.

WURSTSALAT
MIT SENFDRESSING

1 Ring Fleischwurst (etwa 500 g)
4 Frühlingszwiebeln
je 1 gelbe und rote Paprikaschote
1 rote Chilischote

Für das Senfdressing:
1 TL Gemüsepaste (von Seite 115)
oder ½ TL Gemüsebrühenpulver
3 EL heißes Wasser
3–4 EL Essig
1–2 EL Senf
3–4 EL Speiseöl
Salz
gem. Pfeffer
1 Prise Zucker
evtl. einige gehackte Kräuter, z. B.
Petersilie, Schnittlauch, Kerbel

1. Von der Fleischwurst die Pelle abziehen. Fleischwurst in dünne Scheiben schneiden.

2. Frühlingszwiebeln putzen, abspülen, abtropfen lassen und in feine Scheiben schneiden. Paprikaschoten halbieren, entstielen, entkernen und die weißen Scheidewände entfernen. Schoten abspülen, abtropfen lassen und in grobe Würfel schneiden.

3. Chilischote halbieren, entstielen, entkernen, abspülen, abtropfen lassen und in kleine Würfel schneiden. Die vorbereiteten Salatzutaten in einer Schüssel vermischen.

4. Für das Dressing Gemüsepaste oder Gemüsebrühenpulver mit dem heißen Wasser verrühren. Essig und Senf unterrühren. Das Öl unterschlagen, das Dressing mit Salz, Pfeffer und Zucker würzen.

5. Das Dressing mit den gehackten Kräutern unter den Wurstsalat mischen und servieren.

Beilage: Reichen Sie Bauern- oder Mischbrot dazu.

Zubereitungszeit: 20 Minuten |
4 Portionen | Pro Portion: E: 17 g, F: 44 g, Kh: 8 g, kJ: 2056, kcal: 491, BE: 0,5

TIPPS Zusätzlich etwa 150 g in Streifen geschnittenen Eisberg- oder Römersalat unter den Wurstsalat mischen. Oder wenn Sie lieber Käse mögen, dann geben Sie noch etwa 150 g Käsestifte vom Emmentaler oder Gouda unter den Salat.

ASIA-BRATNUDELN

100 g Instant-Mie-Nudeln

2 Möhren
1 Stange Porree (Lauch)
2 EL Speiseöl
2 gegrillte Putensteaks
(die vom Vortag übrig sind)
1 EL Currypulver
2–3 EL Sojasauce
½ Tasse Wasser
(etwa 75 ml, Tasseninhalt 150 ml)
1 TL Gemüsepaste (von Seite 115)
oder Gemüsebrühenpulver
Salz
2 EL Erdnusskerne

1. Die Instant-Mie-Nudeln nach Packungsanleitung zubereiten. Dann die Mie-Nudeln mit einer Gabel etwas auflockern.

2. Inzwischen die Möhren putzen, schälen, abspülen, abtropfen lassen und in dünne Scheiben schneiden. Den Porree putzen, längs einschneiden, gründlich waschen, abtropfen lassen und in Streifen schneiden.

3. Das Speiseöl in einer Pfanne erhitzen. Das Gemüse darin unter gelegentlichem Rühren leicht anbraten. Die Putensteaks vom Vortag in Streifen schneiden und zum Gemüse in die Pfanne geben.

4. Das Currypulver auf die Gemüse-Fleisch-Mischung stäuben und unterrühren. Sojasauce und Wasser hinzugießen. Gemüsepaste oder Gemüsebrühenpulver unterrühren. Das Ganze kurz aufkochen, bis die Flüssigkeit fast vollständig verdampft ist.

5. Dann die Mie-Nudeln vorsichtig unterrühren und unter gelegentlichem Rühren alles braten lassen, bis die Nudeln heiß sind.

6. Die Bratnudeln probieren und evtl. mit etwas Salz nachwürzen. Die Asia-Bratnudeln mit den Erdnusskernen bestreut servieren.

Zubereitungszeit: 25 Minuten |
2 Portionen | Pro Portion: E: 59 g, F: 20 g, Kh: 48 g, kJ: 2563, kcal: 610, BE: 4,0

 **TIPPS**

Anstelle der Putensteaks kann auch gegrilltes Schweine- oder Hähnchensteak verwendet werden. Haben Sie Sambal Oelek zur Hand, dann geben Sie den Bratnudeln noch etwas Schärfe mit. Da viele Sojasaucen recht salzig schmecken, ist es meist nicht notwendig zusätzlich mit Salz zu würzen. Deshalb: Erst probieren und dann gegebenenfalls nachwürzen.

KARTOFFELSALAT
FÜR CAMPER

2 Handvoll gegarte Pellkartoffeln
(500–600 g,
z. B. vom vorabendlichen Grillen)
1 Handvoll gegrilltes
Hähnchenfleisch (etwa 200 g ohne
Haut, von Brathähnchen oder
Hähnchensteaks vom Vortag)
3 Stangen Staudensellerie
1 kleiner Apfel

Für die Salatsauce:
4 EL Salatmayonnaise
150 g Joghurt (1 Becher)
2 EL Senf
½–1 EL Honig oder Zucker
Salz
gem. Pfeffer

1. Die Pellkartoffeln pellen oder mit der Schale in grobe Würfel schneiden. Das Fleisch in Stücke schneiden.

2. Staudensellerie putzen und die harten Außenfäden abziehen. Sellerie abspülen und abtropfen lassen. Sellerie in dünne Scheiben schneiden. Den Apfel abwaschen, abtrocknen, vierteln, entkernen und die Viertel in Scheiben schneiden.

3. Für die Salatsauce die Salatmayonnaise mit Joghurt, Senf und Honig oder Zucker verrühren, mit Salz und Pfeffer abschmecken. Die Salatzutaten mit der Salatsauce vermischen und den Salat nochmals mit Salz und Pfeffer abschmecken.

Zubereitungszeit: 20 Minuten |
2–3 Portionen | Pro Portion: E: 26 g, F: 28 g, Kh: 58 g, kJ: 2494, kcal: 596, BE: 4,5

TIPPS Verwenden Sie für den Salat die Senfsorte, die Sie beim Camping dabei haben. Körniger Senf macht immer auch optisch noch was her. Süßer Senf ist ebenfalls okay, dann lassen Sie einfach den Honig oder den Zucker weg.
Andere gegrillte „Fleischreste" oder „Würstchenreste" vom Vortag schmecken in diesem Salat natürlich genauso gut.

MOZZARELLA IN CARROZZA
(MOZZARELLA-TOAST)

20 Scheiben Toastbrot
250 g abgetropfter Mozzarella
(2 Pck.)
3 Eier
½ Tasse Milch
(etwa 75 ml, Tasseninhalt 150 ml)
Salz
gem. Pfeffer
Paprikapulver
etwa 1 Tasse Speiseöl
(Tasseninhalt 150 ml)

1. Aus den Toastscheiben mit einem Glas runde Scheiben (Ø 6–8 cm) ausstechen oder die Kruste rundherum etwa 1 cm abschneiden. Mozzarella in etwa 1 cm dicke Scheiben schneiden.

2. Eier mit Milch in einer flachen Schüssel verschlagen. Eiermilch mit Salz, Pfeffer und Paprika würzen.

3. Jeweils eine Mozzarella-Scheibe (die Mozzarella-Scheibe muss etwas kleiner als die Toastscheibe sein) auf eine runde Toast-scheibe legen. Mit einer zweiten Toastscheibe belegen und leicht andrücken.

4. Zuerst die Toastränder (Kanten zusammendrücken) rundherum in Milch tauchen. Dann die Mozzarella-Toastscheiben ganz durch die Eiermilch ziehen.

5. Speiseöl in einer Pfanne erhitzen. Die Toastscheiben von beiden Seiten goldbraun ausbacken, aus der Pfanne nehmen und auf Küchenpapier abtropfen lassen. Mozzarella-Toasts sofort servieren.

Beilage: Reichen Sie einen leckeren **Tomatensalat** dazu. Dafür 6–8 Tomaten abspülen, abtrocknen, halbieren und die Stängel-ansätze herausschneiden. Tomaten in Stücke schneiden. Für die Sauce 1 gewürfelte Zwiebel mit 1–2 Esslöffeln Essig, etwas Salz, Pfeffer und Zucker verrühren. 2 Esslöffel Olivenöl unterschlagen. Die Sauce mit den Tomaten mischen, kurz durchziehen lassen, nochmals abschmecken und nach Belieben mit gehackten Basilikumblättchen bestreuen.

Zubereitungszeit: 25 Minuten |
10 Stück (3–4 Portionen) | Pro Stück: E: 9 g, F: 13 g, Kh: 18 g, kJ: 923, kcal: 221, BE: 1,5

 **TIPPS** Die Reste der Toastbrotscheiben können Sie z. B. in der Brot-Schinken-Pfanne von Seite 79 verarbeiten. Oder die Reste würfeln, in etwas Speiseöl rundherum knusprig braten und zum Tomatensalat reichen.

BRATWURSTSALAT

4–6 gegrillte Bratwürste
(z. B. übrig gebliebene vom Vortag)
½ Salatgurke
8 Radieschen
2 rote Zwiebeln
6 Scheiben Bergkäse (etwa 125 g)
225 g abgetropfter Gemüsemais
(aus 1 Dose)

Für das Dressing:
2 EL Essig
1 EL Senf
5 EL Speiseöl
Salz
gem. Pfeffer
Zucker

1 Bund Schnittlauch

1. Die gegrillten Bratwürste in dünne Scheiben schneiden. Die Salatgurke abspülen, abtrocknen und das Ende abschneiden. Die Gurke längs vierteln und grob würfeln.

2. Die Radieschen putzen, abspülen, abtropfen lassen und in dünne Scheiben schneiden oder hobeln.

3. Die Zwiebeln abziehen und in dünne Scheiben schneiden. Den Bergkäse in feine Streifen schneiden. Den Mais mit den Bratwurst-, Radieschen- und Zwiebelscheiben, den Gurkenwürfeln und den Käsestreifen in einer Schüssel vermischen.

4. Für das Dressing Essig mit Senf verrühren und Speiseöl unterschlagen. Das Dressing mit Salz, Pfeffer und Zucker abschmecken, mit den Salatzutaten vermischen.

5. Schnittlauch abspülen, trocken tupfen und in Röllchen schneiden. Den Salat mit den Schnittlauchröllchen bestreut servieren.

Zubereitungszeit: 20 Minuten |
4 Portionen | Pro Portion: E: 29 g, F: 53 g, Kh: 11 g, kJ: 2660, kcal: 635, BE: 0,5

TIPP Bei Ihnen sind noch nie Bratwürste beim Grillen übrig geblieben? Dann einfach in Scheiben geschnittene Geflügel-Fleischwurst oder Fleischkäse (250–400 g) mit den Salatzutaten und dem Dressing mischen.

BOHNEN-ZWIEBEL-CHILI

2 rote Zwiebeln
2 Knoblauchzehen
1 Bund Frühlingszwiebeln
4 EL Speiseöl

450 g abgespülte, abgetropfte
Kidneybohnen (aus der Dose)
450 g abgespülte, abgetropfte
weiße Bohnen (aus der Dose)
225 g abgetropfter Gemüsemais
(aus der Dose)
1 TL Chiliflocken oder Paprikapulver
2 EL pikante Würzmischung
(von Seite 111, oder
BBQ-Gewürzmischung)
1 l Tomatensaft
Salz
gem. Pfeffer
Zucker

150 g Crème fraîche (1 Becher)
125 g ger. oder geraspelter Gouda

1. Die Zwiebeln und den Knoblauch abziehen und würfeln. Die Frühlingszwiebeln putzen, abspülen, abtropfen lassen, 1 Frühlingszwiebel in feine Scheiben schneiden und zum Garnieren beiseitelegen. Die restlichen Frühlingszwiebeln in Stücke schneiden.

2. Das Speiseöl in einem Topf erhitzen. Die Zwiebel- und Knoblauchwürfel sowie die Frühlingszwiebelstücke darin andünsten.

3. Rote und weiße Bohnen mit dem Mais hinzufügen. Chiliflocken oder Paprikapulver und die Würzmischung daraufstreuen. Den Tomatensaft unter Rühren hinzugießen. Das Ganze aufkochen und etwa 10 Minuten unter gelegentlichem Rühren köcheln lassen.

4. Das Chili mit Salz, Pfeffer und Zucker abschmecken. Zum Servieren auf jede Portion einen Klecks Crème fraîche geben. Chili mit dem Käse und den beiseitegelegten Frühlingszwiebelscheiben bestreuen.

Beilage: **Polentascheiben vom Grill** für den großen Hunger oder für 6 Portionen. Dazu 1 Liter Wasser mit 1 Teelöffel Salz, 1 abgezogenen Knoblauchzehe, 1 Teelöffel getrocknetem Rosmarin und evtl. etwas Pfeffer in einem Topf zum Kochen bringen. 2 Esslöffel Butter darin zerlassen. 250 g (2 Tassen, je 150 ml Inhalt) Maisgrieß (Polenta) unter ständigem Rühren einrieseln lassen. Das Ganze nochmals kurz aufkochen. Den Topf von der Kochstelle nehmen und den Maisgrieß in etwa 10 Minuten ausquellen lassen. Die Knoblauchzehe aus der Grießmasse entfernen. Eine flache Form mit kaltem Wasser ausspülen. Die Masse darin verteilen, glatt streichen, erkalten lassen, dann auf ein großes Schneidebrett stürzen und in etwa 2 cm dicke Scheiben schneiden. Die Polenta-Scheiben in eine Grillschale (mit Speiseöl ausgestrichen) legen. Die Grillschale auf den Grillrost des heißen Grills stellen und die Polenta-Scheiben etwa 4 Minuten je Seite grillen. Die Polenta lässt sich gut in der Form vorbereiten und hält sich zugedeckt im Kühlschrank 2–3 Tage.

Zubereitungszeit: 35 Minuten |
4 Portionen | Insgesamt: E: 30 g, F: 34 g, Kh: 59 g, kJ: 2767, kcal: 662, BE: 4,5

FRITTATA
(ITALIENISCHES OMELETT)

1 Zwiebel
1 Paprikaschote
4 Scheiben Chorizo
(spanische Paprikawurst, oder
Cabanossi)
10 Cocktailtomaten
5–6 Eier
Salz
4 EL ger. Cheddar oder Gouda
(etwa 60 g)
2 EL Speiseöl
1 Prise Chiliflocken
oder Paprikapulver

1. Die Zwiebel abziehen und in Würfel schneiden. Paprikaschote halbieren, entstielen, entkernen und die weißen Scheidewände entfernen. Schote abspülen, abtropfen lassen und fein würfeln.

2. Die Wurst in grobe Streifen oder Stücke schneiden. Die Tomaten abspülen, abtrocknen, halbieren und evtl. die Stängelansätze herausschneiden.

3. Die Eier gründlich verschlagen, mit Salz würzen und den geriebenen Käse unterrühren.

4. Das Speiseöl in einer großen, möglichst beschichteten Pfanne erhitzen. Zwiebel- und Paprikawürfel, Wurststreifen oder -stücke darin anbraten. Die Tomatenhälften hinzugeben und kurz mitbraten.

5. Die Eier-Käse-Mischung in die Pfanne geben, mit Chiliflocken oder Paprikapulver bestreuen. Das Ganze 2–3 Minuten braten. Dann die Pfanne von der Kochstelle nehmen und die Frittata zugedeckt 5–10 Minuten stocken lassen.

6. Die gestockte Frittata auf ein Schneidebrett oder großen Teller stürzen, in Stücke schneiden und servieren.

Zubereitungszeit: 25 Minuten |
2 Portionen | Pro Portion: E: 30 g, F: 38 g, Kh: 12 g, kJ: 2132, kcal: 509, BE: 0,

TIPPS Die Frittata schmeckt warm und auch kalt sehr lecker. Frittata zum Servieren evtl. mit Basilikumblättchen bestreuen. Haben Sie keine große Pfanne zur Hand, dann können Sie auch 2 kleine Pfannen verwenden oder wenn Sie nur 1 kleine haben, die Frittata in 2 Portionen nacheinander zubereiten.

SCHMORPFANNE
MIT LEBERKÄSE UND GURKEN

4 Scheiben Leberkäse
(je etwa 125 g)
2 Zwiebeln (z. B. rote Zwiebeln)
2 mittelgroße Schmorgurken oder
Salatgurken
evtl. ½ Bund glatte Petersilie
2 EL Speiseöl
Salz
gem. Pfeffer

1. Die Leberkäsescheiben halbieren und in etwa fingerdicke Streifen schneiden. Zwiebeln abziehen, halbieren und in Spalten schneiden.

2. Gurken schälen und die Enden abschneiden, Gurken längs halbieren, die Kerne mit einem Löffel herausschaben. Gurkenhälften in etwa 1 cm dicke Scheiben schneiden.

3. Die Petersilie abspülen und trocken tupfen. Die Blättchen von den Stängeln zupfen. Petersilienblättchen grob zerkleinern.

4. Die Hälfte vom Speiseöl in einer großen Pfanne erhitzen. Zunächst Leberkäsestreifen in die Pfanne geben und unter Wenden anbraten, aus der Pfanne nehmen.

5. Restliches Speiseöl in die Pfanne geben und die Zwiebelspalten darin anbraten. Dann die Gurkenscheiben hinzugeben und kurz unter Rühren mitbraten. Dann die angebratenen Leberkäsestreifen wieder hinzugeben und unterrühren.

6. Die Schmorpfanne mit etwas Salz und Pfeffer würzen. Petersilie unterheben und servieren.

Beilage: Servieren Sie zur Schmorpfanne Laugengebäck und Senf.

Zubereitungszeit: 20 Minuten | 4 Portionen | Pro Portion: E: 23 g, F: 33 g, Kh: 6 g, kJ: 1731, kcal: 414, BE: 0,1

NUDELSALAT
„CAMPINGPLATZ"

5 l Wasser
5 gestr. TL Salz
500 g kurze Nudeln
(1 Pck., z. B. Penne)
1 Fenchelknolle
3 Handvoll Rucola
(etwa 120 g)
2 Nektarinen
185 g abgetropfte, entsteinte
schwarze Oliven (1 Glas)
2 EL rotes Pesto
(z. B. selbst gemachtes
Tomatenpesto von Seite 119
oder aus dem Glas)
Salz
gem. Pfeffer

1. Wasser in einem Topf zugedeckt zum Kochen bringen. Dann Salz und Nudeln hinzugeben. Die Nudeln bei mittlerer Hitze nach Packungsanleitung gar kochen, dabei gelegentlich umrühren.

2. Anschließend die Nudeln in ein Sieb geben, kurz mit kaltem Wasser abspülen (damit sie nicht kleben) und abtropfen lassen.

3. Die Fenchelknolle putzen, abspülen, abtropfen lassen, halbieren und in feine Streifen schneiden. Rucola verlesen und dicke Stängel abschneiden. Rucola abspülen, in einem Küchentuch trocken schleudern. Rucola evtl. etwas kleiner zupfen.

4. Nektarinen abspülen, abtrocknen und halbieren. Die Steine entfernen. Die Nektarinenhälften in dünne Spalten schneiden.

5. Die Oliven und das Pesto mit den Nudeln gut vermischen, evtl. noch etwas Öl von den Oliven dazugeben. Fenchelstreifen, Nektarinenspalten und Rucola untermischen. Den Nudelsalat mit Salz und Pfeffer abschmecken.

Zubereitungszeit: 35 Minuten |
6 Portionen | Pro Portion: E: 13 g, F: 10 g, Kh: 67 g, kJ: 1751, kcal: 419, BE: 5,5

 **TIPP** Verwenden Sie statt der Nektarinen eine kleine Dose Mandarinen. Die Mandarinen einfach abtropfen lassen und statt der Nektarinenspalten unter den Salat geben.

ZITRONENKUCHEN
AUS DER PFANNE

Zum Vorbereiten:
1 gut gehäufte Tasse Weizenmehl
(125 g, Tasseninhalt 150 ml)
2 gestr. TL Dr. Oetker Backin
1 gehäufte Tasse gesiebter Puderzucker (80 g, Tasseninhalt 150 ml)
2 Pck. Dr. Oetker Vanillin-Zucker
1 Pck. Dr. Oetker Finesse Geriebene
Zitronenschale

5 EL Speiseöl, z. B. Sonnenblumenöl
4 Eier

Für den Zitronensirup:
1 gehäufte Tasse Puderzucker (80 g,
Tasseninhalt 150 ml)
3–4 EL Zitronensaft
5 EL Wasser

Außerdem:
1 Pfanne mit Deckel (Ø etwa 26 cm,
die Sie auf den Grill stellen können)

1. Zum Vorbereiten Mehl mit Backpulver, Puderzucker, Vanillin-Zucker und Zitronenschale gründlich miteinander vermischen. Die Kuchenmischung in ein dicht schließendes Gefäß oder einen Gefrierbeutel geben und diesen z. B. mit einem Klipp fest verschließen.

2. Zum Backen auf dem Campingplatz das Speiseöl mit den Eiern in einer Schüssel gründlich verschlagen. Die vorbereitete Backmischung mit einem Schneebesen gründlich unterrühren. Den Teig in die Pfanne (gefettet) geben, mit dem Deckel verschließen.

3. Die Pfanne auf den Grillrost des heißen Grills stellen. Dabei sollte der Grillrost so hoch wie möglich über der Glut eingelegt sein. Den Kuchen etwa 30 Minuten backen. **Achtung:** Die Dauer der Backzeit hängt sehr von der Temperatur der Glut und der Höhe des Grillrostes ab! Die Glut sollte nicht mehr zu stark sein, der Kuchen verbrennt sonst schnell!

4. Für den Zitronensirup Puderzucker mit Zitronensaft und Wasser verrühren, aufkochen und beiseitestellen.

5. Den gebackenen Kuchen aus der Pfanne auf einen großen Teller stürzen, mehrfach mit einer Gabel einstechen und mit dem Zitronensirup tränken. Den Kuchen erkalten lassen.

Zubereitungszeit: 15 Minuten | Backzeit etwa 30 Minuten |
10–12 Stücke | Pro Stück: E: 4 g, F: 7 g, Kh: 25 g, kJ: 739, kcal: 177, BE: 2,0

TIPP Die Zutaten lassen sich gut zu Hause abmessen und dann wird auf dem Campingplatz gebacken.

SELBST GEMACHTER VORRAT ZUM MITNEHMEN

WÜRZMISCHUNGEN, PESTO UND RELISH: ZU HAUSE GEMISCHT UND ABGEFÜLLT

UNIVERSALMISCHUNGEN ZUM WÜRZEN

MEDITERRANE WÜRZMISCHUNG

2 EL gefriergetrockneter Schnittlauch
2 EL gefriergetrocknete Blattpetersilie
2 EL gefriergetrockneter Kerbel
1 EL gefriergetrockneter Oregano
1 EL gefriergetrockneter Estragon
1 EL gefriergetrockneter Majoran

1. Die Zutaten gut miteinander vermischen und in ein dicht verschließbares Gefäß (z. B. ein Glas mit Schraubverschluss) füllen.

Geeignet für: Suppen, Saucen, Marinaden, Eintöpfe und Gemüse.

Pro Mischung: E: 7 g, F: 2 g, Kh: 12 g, kJ: 396, kcal: 95, BE: 1,0

PIKANTE WÜRZMISCHUNG (LOUISIANA STYLE)

2 TL schwarze Pfefferkörner
4 TL weiße Pfefferkörner
1 EL Cumin ganz (Kreuzkümmel)
1 EL Koriander ganz
1 TL rote Chiliflocken
1 EL gerebelter Thymian
1 EL gerebelter Oregano
1 TL Dr. Oetker Finesse Geriebene Zitronenschale
1 TL Knoblauchpulver oder -granulat
1 EL Zwiebelpulver oder -granulat

1. Schwarze und weiße Pfefferkörner mit Cumin in einer Edelstahlpfanne ohne Fett unter ständigem Rühren für 3–5 Minuten rösten, bis die Mischung anfängt zu duften.

2. Die Mischung erkalten lassen und dann im Mörser zerreiben. Die restlichen Gewürzzutaten hinzugeben und alles noch mal kurz zerstoßen.

3. Die Würzmischung in ein dicht verschließbares Gefäß (z. B. ein Glas mit Schraubverschluss) füllen.

Geeignet für: Fisch, Geflügel und Fleisch.

Pro Mischung: E: 7 g, F: 5 g, Kh: 31 g, kJ: 849, kcal: 203, BE: 2,5

TIPPS

Bereiten Sie gleich eine größere Menge zu und packen Sie diese portionsweise ab. Kühl, trocken und dunkel gelagert halten sich diese Mischungen so etwa für ein Jahr, verlieren dabei jedoch an Intensität und Aroma. Auch zum Verschenken, z. B. als Mitbringsel zum Grillen, eignen sich diese selbst zusammengestellten Gewürzmischungen. Die Mischungen können Sie mit Speiseöl mischen und z. B. als Marinaden für Nacken- und Geflügelsteaks verwenden.

GEMÜSE-RELISH

2 Gemüsezwiebeln
je 1 große rote und grüne
Paprikaschote
3 mittelgroße Zucchini
2 Knoblauchzehen
6 EL Olivenöl
1–2 Fleischtomaten
375 ml Weißweinessig
200 ml Tomatensaft
2 EL Tomatenmark
2 gestr. TL Salz
2 gestr. EL Paprikapulver
1 gestr. TL Currypulver
gem. Pfeffer
Cayennepfeffer
500 g Extra Gelierzucker 2:1 (1 Pck.)

1. Gemüsezwiebeln abziehen, in kleine Würfel schneiden und 400 g abwiegen. Paprikaschoten halbieren, entstielen, entkernen und die weißen Scheidewände entfernen. Schoten abspülen, trocken tupfen, fein würfeln und insgesamt 400 g abwiegen.

2. Zucchini abspülen, abtrocknen und die Enden abschneiden. Zucchini längs halbieren, in kleine Würfel schneiden und 400 g abwiegen. Knoblauch abziehen und klein würfeln. Olivenöl in einem Topf erhitzen. Vorbereitete Gemüsewürfel darin evtl. portionsweise einige Minuten andünsten.

3. Tomaten kreuzweise einschneiden und mit kochendem Wasser übergießen. Nach 1–2 Minuten herausnehmen und mit kaltem Wasser abschrecken. Tomaten häuten, halbieren, entkernen und die Stängelansätze herausschneiden. Tomatenhälften in Würfel schneiden und 200 g abwiegen.

4. Tomatenwürfel mit Essig, Tomatensaft, -mark, Salz, Paprika, Curry, Pfeffer, Cayennepfeffer und Extra Gelierzucker zu den angedünsteten Gemüsewürfeln in den Topf geben, unter Rühren zum Kochen bringen und etwa 15 Minuten kochen lassen, dabei ab und zu umrühren.

5. Nach Belieben die Gemüsemasse nach dem Kochen so lange pürieren, bis die Hälfte musig ist. Dann gut verrühren und nochmals aufkochen lassen.

6. Relish sofort randvoll in vorbereitete Gläser füllen. Gläser mit Twist-off-Deckeln® verschließen, umdrehen und etwa 5 Minuten auf den Deckeln stehen lassen.

Zubereitungszeit: 70 Minuten | Haltbarkeit: kühl und dunkel gestellt etwa 6 Monate | etwa 6 Gläser je 200 ml | Insgesamt: E: 25 g, F: 65 g, Kh: 560 g, kJ: 12686, kcal: 3004, BE: 44,0

GEMÜSEPASTE ZUM WÜRZEN

400 g Möhren
50 g Kohlrabi
175 g Knollensellerie
150 g Porree (Lauch)
50 g Blumenkohlröschen
(oder Petersilienwurzeln)
50 g Zwiebeln
30 g Petersilie
evtl. 1–2 Stängel Liebstöckel

125 g Salz
3–4 Lorbeerblätter
(je Glas 1 Lorbeerblatt)

1. Möhren, Kohlrabi und Sellerie putzen, schälen, abspülen und abtropfen lassen. Porree putzen, die Stangen längs halbieren, gründlich waschen und abtropfen lassen. Die Blumenkohlröschen putzen, abspülen und abtropfen lassen. Oder Petersilienwurzeln putzen, schälen, abspülen und abtropfen lassen.

2. Die Zwiebeln abziehen. Petersilie und Liebstöckel abspülen und trocken tupfen. Das gesamte Gemüse nach und nach in kleine Stücke schneiden. Gemüsestücke durch die feine Scheibe des Fleischwolfs drehen. Zum Schluss die Petersilie (mit den Stängeln) und evtl. den Liebstöckel ebenfalls durch den Fleischwolf drehen.

3. Das durchgedrehte Gemüse mit dem Salz bestreuen und alle Zutaten gründlich miteinander vermischen. Die Mischung fest und randvoll in vorbereitete Twist-Off-Gläser® füllen. Dabei in die Mitte jeweils ein Lorbeerblatt stecken. Die Gläser mit den Deckeln fest verschließen. Darauf achten, dass die Gläser so wenig Luft wie möglich enthalten.

Passt zu: Gegrillten Brotscheiben, Bratwürsten und Putensteaks.

Insgesamt: E: 10 g, F: 2 g, Kh: 35 g, kJ: 832, kcal: 200, BE: 2,5

TIPPS

Die Gemüsepaste ist eine ideale Alternative zu Instantbrühe bzw. Suppenwürze. Das enthaltene Salz konserviert das Gemüse. Wir empfehlen die Aufbewahrung im Kühlschrank. Das Gemüse-Salz-Verhältnis sollte 7:1 nicht unterschreiten. Die Gemüsesorten können nach eigenem Geschmack untereinander variiert werden. Die Gemüsepaste eignet sich hervorragend zum Abschmecken aller Eintopf- und Gemüsegerichte (wichtig: die Gerichte vorher nicht salzen) und ist auch für Saucen (Bratensaucen, Tomatensauce u. ä.) geeignet.
Übrige Gemüsestückchen bzw. Röschen (z. B. von Kohlrabi, Sellerie und Blumenkohl) ebenfalls putzen, abspülen und abtropfen lassen. Dann für 4 Portionen mit 5 Tassen Gemüsebrühe und 2 Handvoll geschälten, mehligkochenden Kartoffeln in Stücken zu einem raschen Garten-Eintopf kochen. Nach Belieben pürieren und mit Wiener Würstchen servieren.

BARBECUE-SAUCE
(BBQ-SAUCE)

1 Zwiebel
1 kleines Bund Petersilie oder
25 g TK-Petersilie
150 ml starker, kalter Kaffee
(Espresso oder Mokka)
½ TL Sambal Oelek
500 ml Tomatenketchup

1. Die Zwiebel abziehen, halbieren und in feine Würfel schneiden.

2. Die Petersilie abspülen, trocken tupfen und die Blättchen von den Stängeln zupfen. Blättchen fein hacken.

3. Den Kaffee in eine Schüssel gießen. Zwiebelwürfel, fein gehackte Petersilie oder TK-Petersilie, Sambal Oelek und Ketchup hinzufügen. Die Zutaten gut verrühren.

4. Die Barbecue-Sauce in vorbereitete Gläser oder Flaschen füllen. Die Gläser oder Flaschen fest verschließen und in den Kühlschrank stellen. Die Barbecue-Sauce etwa 8 Stunden, am besten über Nacht, durchziehen lassen.

Passt zu: Gegrillten Schweine-Nackensteaks oder Nackenkoteletts, zu Rindersteaks oder als Beilage zu Kartoffelspalten. Auch zum Bestreichen von gegrillten Spareribs ist sie sehr gut geeignet.

Zubereitungszeit: 15 Minuten, ohne Abkühl- und Durchziehzeit | etwa 600 ml | Insgesamt: E: 12 g, F: 2 g, Kh: 124 g, kJ: 2415, kcal: 577, BE: 10,0

Tipp: Die Barbecue-Sauce schmeckt lange besonders lecker und hält sich gut verschlossen im Kühlschrank 3–4 Wochen.

TOMATENPESTO

3 Knoblauchzehen
1 Bund Basilikum
150 g abgetropfte, getrocknete Tomaten in Öl
30 g gehobelte Mandeln
20 g ger. Parmesan
100 ml Olivenöl
Salz
gem. Pfeffer

1. Knoblauch abziehen und durch eine Knoblauchpresse drücken. Basilikum abspülen, trocken tupfen und die Blättchen von den Stängeln zupfen. Tomaten, Mandeln und Basilikumblättchen sehr fein hacken, evtl. mit einem Mörser zerdrücken und in eine Schüssel geben. Knoblauch, Parmesan und Öl hinzufügen und untermengen.

2. Das Pesto evtl. kurz pürieren, mit Salz und Pfeffer abschmecken. Das Pesto randvoll in 1–2 vorbereitete Gläser füllen. Evtl. noch mit etwas Olivenöl bedecken. Gläser mit Twist-off-Deckeln® verschließen.

Zubereitungszeit: 20 Minuten |
etwa 300 ml | Insgesamt: E: 27 g, F: 132 g, Kh: 41 g, kJ: 6138, kcal: 1466, BE: 3,5

PETERSILIENPESTO

60 g Haselnuss- oder Pinienkerne
4 Knoblauchzehen
2 Bund glatte Petersilie
120 g geraspelter Comté-Käse oder Parmesan
120 ml Olivenöl
gem. Pfeffer

1. Haselnuss- oder Pinienkerne grob hacken und in einer Pfanne ohne Fett leicht anrösten. Knoblauch abziehen, fein würfeln, mit in die Pfanne geben, unterrühren und dann auf einen Teller geben.

2. Petersilie abspülen, trocken tupfen, Blättchen von den Stängeln zupfen und fein schneiden. Petersilie, Öl und die Nuss-Knoblauch-Mischung mit einem Blitzhacker oder einem Pürierstab fein zerkleinern. Käse dazugeben, nochmals zerkleinern und das Pesto mit etwas Pfeffer abschmecken.

3. Das Pesto randvoll in 1–2 vorbereitete Gläser füllen. Evtl. noch mit etwas Olivenöl bedecken. Gläser mit Twist-off-Deckeln® verschließen.

Zubereitungszeit: 20 Minuten |
etwa 300 ml | Insgesamt: E: 50 g, F: 191 g, Kh: 8 g, kJ: 8063, kcal: 1925, BE: 0,5

TIPPS Die Pestos lassen sich gut vorbereiten und sind gekühlt etwa 3 Wochen haltbar. Sie passen zu Nudeln aller Art, Kartoffeln, Geflügelspießen und Gemüse. Sie schmecken auch als würziger Aufstrich, z. B. auf Fladenbrot vom Grill, prima.

PROVENZALISCHES GEMÜSE

je 1–2 rote und gelbe
Paprikaschoten (etwa 500 g)
250 g Zucchini
250 g Auberginen
250 g kleine Tomaten

Für den Sud:
250 ml Weißwein
250 ml Weißweinessig
250 ml Wasser
¼ Bio-Zitrone in Scheiben
geschnitten (unbehandelt,
ungewachst)
½ EL Senfkörner
je 7–8 Piment- und schwarze
Pfefferkörner
1 ½ schwach geh. TL Salz
150 g Zucker
2–3 Knoblauchzehen
3–5 Stängel Thymian
1–2 Zweige Rosmarin
½ Pck. Einmach-Hilfe

1. Paprikaschoten halbieren, entstielen, entkernen und die weißen Scheidewände entfernen. Schoten abspülen, abtropfen lassen und in breite Streifen schneiden. Zucchini abspülen, abtrocknen und die Enden abschneiden. Zucchini in Größe der Paprikaschotenstreifen oder in Scheiben schneiden.

2. Auberginen abspülen, abtrocknen und die Stängelansätze abschneiden. Auberginen in Größe der Zucchini schneiden. Tomaten kreuzweise einschneiden und mit kochendem Wasser übergießen. Nach 1–2 Minuten herausnehmen und mit kaltem Wasser abschrecken. Tomaten häuten, halbieren, entkernen und die Stängelansätze herausschneiden.

3. Für den Sud Wein, Essig, Wasser, Zitronenscheiben, Senf-, Piment-, Pfefferkörner, Salz und Zucker in einem Topf zum Kochen bringen, zugedeckt etwa 10 Minuten kochen lassen. Paprikastreifen hinzugeben und weitere etwa 7 Minuten kochen lassen. Zucchini- und Auberginenstücke hinzufügen, nochmals weitere etwa 2 Minuten kochen lassen. Zuletzt Tomatenhälften unterheben und miterhitzen.

4. Knoblauch abziehen und in Scheiben schneiden. Thymian und Rosmarin abspülen und trocken tupfen. Die Blättchen bzw. Nadeln von den Stängeln zupfen.

5. Das gegarte Gemüse mit einer Schaumkelle aus dem Sud nehmen. Mit Knoblauchscheiben, Thymianblättchen und Rosmarinnadeln in vorbereitete Gläser füllen.

6. Den Sud wieder zum Kochen bringen und etwa 10 Minuten ohne Deckel kochen lassen. Den Topf von der Kochstelle nehmen, Einmach-Hilfe unter den Sud rühren. Den Sud durch ein Sieb geben und sofort randvoll in die Gläser gießen. Die Gläser sofort mit Twist-off-Deckeln® verschließen, umdrehen und etwa 5 Minuten auf den Deckeln stehen lassen.

Passt zu: Gegrilltem Halloumi, Steaks und Fladenbrot.

Zubereitungszeit: 60 Minuten | Haltbarkeit: kühl und dunkel gestellt etwa 6 Monate |
3–4 Gläser je etwa 370 ml | Insgesamt: E: 17 g, F: 6 g, Kh: 193 g, kJ: 4728, kcal: 1128, BE: 13,0

TIPPS FÜR DIE CAMPINGKÜCHE

Endlich Urlaub oder Wochenende! Jetzt beginnt für viele der Traum vom Leben draußen in der Natur.

Ganz gleich ob Sie mit dem Wohnwagen, Campmobil oder Hausboot unterwegs sind, die perfekte Küchenausstattung bleibt zu Hause. Eine kleine Grundausstattung macht aber auch hier die Essenszubereitung einfacher. Kochen, braten und grillen Sie wozu Sie Lust haben. Für unsere Rezepte genügen eine Flamme bzw. ein Kocher oder 1–2 Kochplatten.

Eine Waage oder elektrische Küchengeräte sind nicht notwendig. Zum Abmessen genügen z. B. eine Tasse, Ess- und Teelöffel und Ihre Hände.

Nutzen Sie die Restwärme vom Kochen aus, in dem Sie z. B. Reis zum Ausquellen oder bereits Gegartes zum Warmhalten im Topf oder einer verschließbaren Schüssel erst in ein Handtuch wickeln und dann in den Schlafsack einpacken. So ist Ihr Kocher wieder frei, um weiter zu kochen, wenn Sie doch mehr Leute bewirten als vorgesehen oder Ihre Töpfe zu klein sind.

Nährmittel und Konserven oder Tetrapaks:
> kurze Nudeln, Linsen (z. B. rote Linsen oder Pardinalinsen mit einer kurzen Garzeit), Instant-Couscous und/oder Bulgur, Reis
> passierte und/oder stückige Tomaten, H-Milch, Kokosmilch, Ananas, Pesto (z. B. selbst gemachtes von Seite 119), Ketchup, BBQ- oder Grillsauce.

Entscheiden Sie, je nach Größe Ihres „mobilen" Heimes, was für Sie am wichtigsten ist und in jedem Fall eingepackt werden soll.

Küchentechnisch ist die nachfolgende Zusammenstellung zu empfehlen:
> 1–2 Töpfe mit Deckeln, 1 Pfanne mit Deckel (die Größe der Töpfe und Pfanne sollte sich nach der Personenzahl richten)

Folgenden Grundvorrat an Lebensmitteln schlagen wir Ihnen vor:

Zum Würzen und Abschmecken:
> Salz, Zucker, gemahlener Pfeffer, Paprikapulver oder Chiliflocken, Currypulver, eine Kräutermischung nach Ihrem Geschmack (z. B. eine Gewürzmischung von Seite 111)
> Senf, Speiseöl (z. B. Rapsöl oder Sonnenblumenöl, welches zum Braten und für Salate geeignet ist), Essig, Zitronen- oder Limettensaft, Gemüsepaste von Seite 115 oder Instant-Gemüsebrühenpulver, evtl. Sojasauce

> 1 Schneebesen, 1 Kochlöffel und 1 Pfannenwender, 1 Sieb (z. B. zum Abgießen von Nudeln)

> Messer (1 kleines Gemüsemesser, 1 Brotmesser und 1 Universalmesser) und natürlich ein Schneidebrett

> Sparschäler, Dosen- und Flaschenöffner

> 1 größere Schüssel zum Mischen von Salat

> 1–2 verschließbare Gefäße (für eventuelle Essensreste oder zum Einlegen von Steaks u. Ä.)

> 1 verschließbarer Schüttelbecher (zum Mischen und Mixen)

> 1 Thermoskanne

> 1 Tasse von 150 ml Inhalt zum Abmessen

> Feuerzeug oder Streichhölzer

> Gläser, Tassen, Teller, Besteck u. Ä., je nach mitreisender Personenzahl

Außerdem machen sich diese Sachen gern nützlich:

> Taschenmesser

> Küchenpapier

> Geschirrspülmittel, Spülbürste und Spüllappen

> Geschirrtücher

> Grillschürze

> reißfeste Gefrier- und Müllbeutel

Für die Romantik und das Wohlbefinden

im Campingurlaub sind Teelichter und Servietten perfekt und kein großer Aufwand. Eine Kuscheldecke ist ideal, wenn die Abende am Feuer etwas kühler werden. So können Sie die Erlebnisse vom Tag Revue passieren lassen, Pläne für den nächsten Tag schmieden und sich auf neue kulinarische Genüsse freuen.

Zum Grillen sollten Sie Folgendes mitnehmen:

> einen Grill mit Rost

> eine Grillzange zum Wenden des Grillgutes

> Grillkohle oder Briketts und Sicherheitsanzünder

> feste Alufolie und/ oder Einweggrillschalen

> evtl. Grillpinsel zum Fetten des Grillgutes

> Grillhandschuhe

> eine Drahtbürste zum Reinigen des Grillrostes

ALLGEMEINE HINWEISE

Abkürzungen
EL = Esslöffel
TL = Teelöffel
Msp. = Messerspitze
Pck. = Packung/Päckchen
g = Gramm
kg = Kilogramm
ml = Milliliter
l = Liter
evtl. = eventuell
geh. = gehäuft
gem. = gemahlen
gestr. = gestrichen
TK = Tiefkühlprodukt
u.Ä = und Ähnlichem/s
Kalorien-/ Nährwertangaben
E = Eiweiß
F = Fett
Kh = Kohlenhydrate
kJ = Kilojoule
kcal = Kilokalorien
BE = Broteinheiten

Bei den Nährwertangaben in den Rezepten handelt es sich um auf- bzw. abgerundete ganze Werte. Lediglich die Broteinheiten werden in 0,5er-Schritten mit einer Stelle nach dem Komma angegeben.

Aufgrund von ständigen Rohstoffschwankungen und/oder Rezepturveränderungen bei Lebensmitteln kann es zu Abweichungen kommen. Die Nährwertangaben dienen daher lediglich Ihrer Orientierung und eignen sich nur bedingt für die Berechnung eines Diätplans, zum Beispiel bei Krankheiten wie Diabetes. Bei krankheitsbedingten Diäten richten Sie sich daher nach den Anweisungen Ihres Diätassistenten bzw. Ihres Arztes.

Hinweise zu den Rezepten

Lesen Sie bitte vor der Zubereitung – besser noch vor dem Einkauf – das Rezept einmal vollständig durch. So werden Arbeitsabläufe oder -zusammenhänge verständlicher.
In jedem Rezept ist die Anzahl der Portionen angegeben. Zum Abmessen von Mengen haben wir neben Ess- und Teelöffeln, 1 Tasse mit 150 ml Inhalt zu Grunde gelegt.

Zutatenliste

Die Zutaten sind in der Reihenfolge ihrer Verarbeitung aufgeführt.

Arbeitsschritte

Die Arbeitschritte sind einzeln hervorgehoben, in der Reihenfolge, in der sie von uns ausprobiert wurden.

Zubereitungszeiten

Die Zubereitungszeit ist ein Anhaltswert für die Zeit der Vorbereitung und die eigentliche Zubereitung. Die Marinier-, Grill- und Garzeiten sind gesondert ausgewiesen. Wartezeiten sind nicht mit einbezogen.

Gar- und Grillzeiten

Vor allem beim Grillen mit Holzkohle oder dem Kochen mit einem einfachen Campingkocher lässt sich die Temperatur nicht exakt regeln. Die in den Rezepten angegebenen Gar- und Grillzeiten sind deshalb nur Richtwerte, die je nach individueller Hitzeleistung des Grillgerätes (Holzkohle- oder Gasgrill) oder Kochers über- oder unterschritten werden können. Beachten Sie dazu auch die Gebrauchsanweisung des Herstellers.

Sicheres Grillen und Kochen

Beachten Sie immer die entsprechenden Sicherheitshinweise des Herstellers!
Stellen Sie den Grill oder den Kocher auf einen nicht entflammbaren Untergrund. Damit es nicht umkippen kann, muss das Gerät fest und ebenerdig stehen. Ein nicht entflammbarer Windschutz erweist sich oft als hilfreich.
Wichtig: Greifen Sie beim Anzünden von Brennmaterials niemals zu Brandbeschleunigern wie Spiritus, Benzin oder Terpentin! Diese Stoffe sind leicht entflammbar und deshalb viel zu gefährlich!

HACKBÄLLCHEN-SPIRELLI-TOPF
TITELREZEPT

2 ½ l Wasser
2 ½ gestr. TL Salz
250 g kurze Nudeln
(½ Pck., z. B. Spirelli)

2 Zucchini (etwa 400 g)
2 gelbe Paprikaschoten

Für die Hackbällchen:
1 Zwiebel
1 Knoblauchzehe
500 g Gehacktes (halb Rind- und
halb Schweinefleisch)
4 EL Semmelbrösel
2 TL Senf
1 Ei
2 TL Paprikapulver
Salz
gem. Pfeffer
2 EL Speiseöl

evtl. 2–3 EL Tomatenmark
etwa 1 Tasse Wasser (Tasseninhalt
150 ml)
500 g passierte Tomaten
(1 Tetra Pak®)
etwa 2 TL Gemüsebrühenpulver
oder Gemüsepaste (von Seite 115)
280 g abgetropfte Erbsen
(aus der Dose)

1. Wasser in einem Topf zugedeckt zum Kochen bringen. Dann Salz und Nudeln hinzugeben. Die Nudeln bei mittlerer Hitze nach Packungsanleitung gar kochen, dabei gelegentlich umrühren.

2. Anschließend die Nudeln in ein Sieb geben, kurz mit kaltem Wasser abspülen (damit sie nicht kleben) und abtropfen lassen.

3. Inzwischen Zucchini abspülen, abtrocknen und die Enden abschneiden. Zucchini in dünne Scheiben schneiden. Die Paprika-schoten halbieren, entstielen, entkernen und die weißen Scheide-wände entfernen. Die Schoten abspülen, abtropfen lassen und kleine Stücke schneiden.

4. Für die Hackbällchen Zwiebel und Knoblauch abziehen und fein hacken. Das Gehackte mit Semmelbröseln, Senf, Ei, Paprika-pulver, gehackter Zwiebel und gehacktem Knoblauch gut vermi-schen, mit Salz und Pfeffer abschmecken. Aus der Masse mit angefeuchteten Händen 12 gleich große Hackbällchen formen.

5. Das Öl in einem Topf erhitzen. Die Hackbällchen darin unter Wenden etwa 5 Minuten braten. Dann die Hackbällchen heraus-nehmen.

6. Die Zucchinischeiben und Paprikastücke in dem verbliebenen Bratfett unter Rühren etwa 2 Minuten anbraten. Evtl. Tomaten-mark unterrühren. Das Wasser, die passierten Tomaten und das Gemüsebrühenpulver oder die Gemüsepaste unterrühren.

7. Die Hackbällchen wieder in den Topf geben, unterrühren und das Ganze 5–8 Minuten zugedeckt bei mittlerer Hitze garen, mit Salz und Pfeffer abschmecken. Nudeln und Erbsen untermischen. Unter Rühren den Hackbällchen-Spirelli-Topf nochmals etwa 5 Minuten garen.

Zubereitungszeit: 35 Minuten | 4 Portionen | Pro Portion: E: 44 g, F: 31 g, Kh: 71 g, kJ: 3094, kcal: 739, BE: 5,5

ALPHABETISCHES REGISTER

IMPRESSUM

Für Fragen, Vorschläge oder Anregungen stehen Ihnen der Verbraucherservice der Dr. Oetker Versuchsküche Telefon: 00800 71 72 73 74 Mo.–Fr. 8:00–18:00 Uhr, Sa. 9:00–15:00 Uhr (gebührenfrei in Deutschland) oder die Mitarbeiter des Dr. Oetker Verlages Telefon: +49 (0) 521 52 06 45 Mo.–Fr. 9:00–15:00 Uhr zur Verfügung.
Oder Sie schreiben uns: Dr. Oetker Verlag KG, Am Bach 11, 33602 Bielefeld. Oder besuchen Sie uns online unter www.oetker-verlag.de, www.facebook.com/Dr.OetkerVerlag oder www.oetker.de.

Umwelthinweis
Dieses Buch und der Einband wurden auf chlorfrei gebleichtem Papier gedruckt. Die Einschrumpffolie – zum Schutz vor Verschmutzung – ist aus umwelt- freundlichem und recyclingfähigem PE-Material.

Copyright
© 2013 by Dr. Oetker Verlag KG, Bielefeld

Redaktion
Andrea Gloß

Titelfoto
Thomas Diercks, Hamburg

Innenfotos
Walter Cimbal, Hamburg (S. 46, 49, 51, 58, 112, 117)
Fotostudio Diercks (Thomas Diercks, Kai Boxhammer), Hamburg (S. 10, 14, 28, 31, 32, 62, 66, 78, 102)
Ulli Hartmann, Halle/Westf. (S. 25)
Christiane Krüger, Hamburg (S. 120)
Janne Peters, Hamburg (S. 88)
Antje Plewinski, Berlin (S. 20, 24, 40, 42, 48, 50, 54, 55, 68, 70, 77, 83, 84, 116)
Hans-Joachim Schmidt, Hamburg (S. 118)
Axel Struwe, Bielefeld (S. 4–8, 12, 16, 18, 21, 22, 26, 30, 34, 36, 38, 41, 44, 45, 52, 56, 57, 60, 64, 65, 72–75, 80, 86, 90–100, 104–110, 114, 122, 123)

Rezeptentwicklung und -beratung
Rocco Dressel, Hamburg
Susanne Raht, Hamburg

Foodstyling
Olaf Brummel, Bielefeld

Nährwertberechnungen
Nutri Service, Hennef

Grafisches Konzept und Satz
FUCHS_DESIGN, Sabine Fuchs, München

Satz
Final Art, Manfred Karg, München

Titelgestaltung
küstenwerber, Hamburg

Reproduktionen
Repro Ludwig, Zell am See, Österreich

Druck und Bindung
Firmengruppe APPL, aprinta Druck, Wemding

ISBN: 978-3-7670-0853-3